“抵御外侮——中华英豪传奇”丛书

丛书主编　张海鹏

抗战英雄

谢晋元

苏卫平◎著

南京出版传媒集团
南京出版社

图书在版编目(CIP)数据

抗战英雄谢晋元/苏卫平著. --南京:南京出版社,2020.3

(抵御外侮:中华英豪传奇)

ISBN 978-7-5533-2678-8

Ⅰ.①抗… Ⅱ.①苏… Ⅲ.①谢晋元(1905-1941)—传记 Ⅳ.①K825.2

中国版本图书馆 CIP 数据核字(2019)第 231337 号

书　　名　抗战英雄谢晋元

作　　者　苏卫平

出版发行　南京出版传媒集团

南 京 出 版 社

社址:南京市太平门街 53 号　邮编:210016

网址:http://www.njcbs.cn　电子信箱:njcbs1988@163.com

联系电话:025-83283893、83283864(营销)　025-83112257(编务)

出 版 人　项晓宁

出 品 人　卢海鸣

责任编辑　程　瑶

封面设计　王　俊　王　敏

责任印制　杨福彬

排　　版　南京新洲印刷有限公司

印　　刷　江苏凤凰通达印刷有限公司

开　　本　787 毫米×1092 毫米　1/32

印　　张　4.25

字　　数　70 千字

版　　次　2020 年 3 月第 1 版

印　　次　2024 年 10 月第 4 次印刷

书　　号　ISBN 978-7-5533-2678-8

定　　价　18.00 元

用微信或京东APP扫码购书

用淘宝APP扫码购书

上架建议　教育·历史

编委会

总 序

在中华民族的历史上，沿海倭寇的肆意袭扰，西方列强的坚船利炮，侵华日军的烽火狼烟，一次又一次将中华民族推向生死存亡的边缘，给中华民族带来了深重的灾难与难以磨灭的痛苦记忆。中国从一个封建国家演变为一个半殖民地半封建国家。国运危亡，威胁着每一个中国人。

天下兴亡，匹夫有责。抵御外侮，救亡图存，成为面临外敌入侵、民族危亡时中国人思考的第一课题。也正是在这样的危难时刻，中华民族产生出一个又一个舍生取义、矢志报国的英雄豪杰，他们一回又一回地挽狂澜于既倒，扶大厦于将倾。他们的丰功伟绩，不只是单纯地拯救了某个王朝，某个皇帝，而是拯救了整个中华民族的血脉与希望；正像我们的国歌所唱的那样：把我们的血肉铸成新的长城，他们的奋斗和牺牲，把中国的历史命运一次一次推向一个进步的新阶段；他们的高风亮节，不只是中华儿女景仰、学习的榜样，也是人类不屈不挠、英勇抗暴精神的象征。抗敌御侮的英雄事迹，构成了中华优秀传统的新的篇章。

中华民族没有在外敌面前屈服、倒下，而是在一次一次斗争后走向新生，走向进步。作为唯一延续至今未曾中断过的中华文明不断在成长，中华民族依旧傲然挺立于世界民族之林，中华民族的文化传统，不仅没有消逝在历史长河之中，反而发扬光大，成为造就中国特色社会主义的基本历史因素。

为了歌颂中华英豪的爱国精神，为了纪念中国人民抵御外侮的伟大事迹，为了弘扬优秀的传统文化，南京出版传媒集团·南京出版社推出“抵御外侮——中华英豪传奇”丛书。

这套丛书是面向青少年的普及性读物，聘请各有所长的学者撰写，力图用生动活泼的语言，引人入胜的故事，准确的历史事实，努力展现明清以来各个时期抵御外侮的英雄豪杰的事迹，描绘每一位英豪的成长历程和闪光人生，再现了他们人生的不朽光辉。丛书通过这些在抵御外侮中发挥重大作用的英雄人物，向广大青少年表达了中华民族热爱和平、热爱祖国的家国情怀。

如今，我们正走在中华民族复兴的伟大征程之上，国家发展前程似锦，国际地位日益提高，全世界的目光都在转向中国，可以说，今天的中国距离中华民族复兴的伟大梦想，比以往任何时候都更为接近了。越是在这种时候，我们越是要记住为实现中华民族伟大梦想而奋斗、而牺牲的先烈；在我们昂首阔步走向未来新征程的路上，我们更应该居安思危、以史为鉴。历史已经证明：每一段抵御外侮的历史，都是一段维护正义的历史；每一场抵御外侮的斗争，都是一场维护和平的斗争；每一次抵御外侮的奋斗，都是一次为了实现人民美好生活的奋斗，正义终将胜利，和平终将胜利，人民终将胜利。

“抵御外侮——中华英豪传奇”丛书在传播正能量、弘扬爱国主义情怀的同时，提醒我们，在和平时期，抵御外侮的精神同样不可或缺，抵御外侮的英豪也同样不应遗忘，我们今时今日所有的成就与繁荣，离了这种精神、这些英豪，都是万万不可想象的。

“抵御外侮——中华英豪传奇”丛书，不只是为了缅怀先烈，更是为了激励后人；不只是为了铭记历史，更是为了展望未来。

为青少年编写历史小丛书，是一项崇高的事业。20 世纪 50—60 年代，吴晗主编了《中国历史小丛书》《世界历史小丛书》，对当时的青少年起到了历史教育的奠基作用，事实证明是成功的出版经验。我期待南京出版社继续努力，把这个崇高的事业承担起来，拓展开来。为这个崇高的事业投入人力、物力和财力，是会得到善报的，这个善报，不在多少金钱，而在一代一代具有丰富历史知识的青少年的成长，他们将成为国家的栋梁。

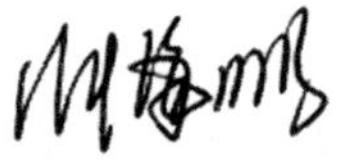

（中国社会科学院学部委员、中国史学会原会长）

目录

引　言

中国不会亡，中国不会亡！
你看那民族英雄谢团长。
中国不会亡，中国不会亡！
你看那八百壮士孤军奋守东战场。
四方都是炮火，
四方都是豺狼。
宁战死，不退让！
宁战死，不投降！
我们的国旗在重围中飘荡！飘荡！
八百壮士一条心，
十万强敌不敢当。
我们的行动，伟烈！
我们的气节，豪壮！
同胞们起来！同胞们起来！
快快赶上战场，拿八百壮士做榜样。

中国不会亡！不会亡！！不会亡！！！

这首在抗日战争中脍炙人口的歌曲，名为《八百壮士之歌》。它曾经传遍大江南北，响彻中华大地，激励着千千万万的同胞投入英勇抗战的行列中。歌曲里赞颂的“谢团长”就是抗战英雄谢晋元。

1937 年 7 月 7 日，卢沟桥战起，抗日战争全面爆发，全国人民的抗日烈火熊熊燃烧起来。日军在华北扩大战争的同时，又积极策划侵占中国最重要的工商业中心——上海。很快，8 月 13 日，这里爆发了一场震惊世界的大规模战役——淞沪会战。短短三个月的时间里，方圆不过几十公里的主战场，交战双方共投入近百万兵力，死伤超过 50 万人，一寸山河一寸血，可谓“血肉磨坊”。

在这场惨烈的战争中，面对暴雨倾盆的钢铁炸弹，中国军队广大官兵同仇敌忾，闻义赴难，朝命夕至，以血肉之躯筑成拒敌的不朽长城。装备、训练、后勤均落后的中国军队，却屡屡表现出视死如归的英勇精神。中华民族的国民意识，在这场血战中得到升华；中国不会亡的信心，从这场血战中得到验证！

战争铸就英雄。在淞沪战争后期，有一位将领发挥了重要的作用，这个人就是谢晋元。为了掩护大军撤退，赢得国际关注，谢晋元奉命率领“八百壮士”坚守闸北四行仓库，血战四日夜，誓死不退。他们用行动向全世界表明中国抵抗侵略的决心，他们的英勇事迹赢得国内外正义人士的尊重和赞誉。

当奉命撤入租界后，他们被留禁于孤军营。面对日伪的威逼利诱和代表英美等西方国家利益的租界当局的欺侮压迫，为了国家和民族利益，谢晋元忍辱负重，与租界当局力争自由，奋发自强，坚持开展抗日斗争，向上海市民广泛宣传救亡。在他的治理下，孤军营成为上海一个希望的灯塔，正如歌曲所唱的那样，继续引领无数青年走上抗日救亡的道路。

虽然战争的年代渐渐远去，但是反对侵略、争取和平的精神永不逝去，谢晋元那誓死不退、宁折不屈的精神亦将永世长存！

第一章　少年好学　立志从戎

在广东与福建、江西三省交界处，有一个名叫尖坑村的小村庄，前临蜿蜒曲折的石窟河，背靠郁郁葱葱的天子山，山环水绕，风光独胜。村落东面，离河边百米之处，坐落着一座平地突起、形如圆鼓的小山丘，名为圆墩岎。天子山似旗，圆墩岎如鼓，旗鼓辉映，自古传言这里是出将才的地方。

圆墩岎西南不远处，零零落落地散布着十几幢客家民居。其中，有一栋坐西向东、沙灰瓦木结构的三幢合面两门楼排屋，粉墙黛瓦，屋屋相连。排屋左右两个门楼上，分别挂着“儒林第”和“荆树居”的匾额，似乎宣示着这是一个耕读传家的客家家族。

门前空地上，一个身着黑色短衣、短裤的中年男子端坐在排屋前的凳子上，手里拿着一卷手抄的《三国演义》，周围众星拱月般坐着七八个小孩子，都一动不动，双眼紧张地望着那位中年男子。那男子满脸严肃，讲道：“只见关公身穿绿袍，端坐船头。周仓捧着大刀，立在身旁。鲁肃惊疑不定，把关公接上大堂，行了礼，入席饮酒。他心怀鬼胎，不敢抬头。关公却谈笑风生，旁若无人……”讲的正是关羽单刀赴会的故事。

位于广东蕉岭的谢晋元故居

这名男子，名叫谢发香，是一个普通的客家农民，平日种田务农。年轻时，也曾挑着货郎担，置办些油盐酱醋、日用百货，盘山过岭，走村串寨叫卖。虽不是读书人，他却颇喜好读书，特别是《三国演义》，牧牛读书，陶然自得，甚至用毛笔抄写下整本《三国演义》。村落里的孩童们，常常缠着他，非要他讲一段“三国”故事。刘备、关羽、张飞桃园三结义，诸葛亮草船借箭、火烧赤壁、舌战群儒，一个个故事绘声绘色，一个个人物栩栩如生。

围坐的这群儿童中，就有谢发香的儿子谢晋元，自幼喜欢听父亲讲《三国演义》。他虽年纪不过五六岁，但是这段关羽单刀赴会的故事，已经听了不下六七遍。每逢父亲讲到此处，年幼的他必要坐在父亲膝前，聚精会神地聆听。他屡次问父亲："关羽不害怕吗？"父亲不厌其烦地答道："关羽勇冠三军，对朋友忠心义胆，对敌人刚毅无比，因此即使亲蹈虎狼之穴，也无所畏惧。"父亲讲述的一段段扣人心弦、惊心动魄的英雄故事，金戈铁马，在谢晋元幼小的心灵中打上了深深的烙印。

谢晋元的童年，正处于辛亥革命爆发的前夜。他出生的地区——广东省梅州市蕉岭县，是一个典型的客家人聚居地。客家人是汉族中一个极具特色的支系，是中原汉族人民南迁的产物。一千多年以前，中原战乱频繁，当地民众为躲避战火，纷纷举族南迁。他们历经艰险，辗转迁移，最终来到当时人口稀疏的赣闽粤三省交界的

谢晋元

山区栖身，聚族而居，这里便成了有名的客家区。独特的客家方言、悠久的历史传承，凝结了客家人崇文重教、耕读繁衍的文化特性。坎坷的经历、恶劣的生存环境，造就了客家人强烈的自我认同和忧患意识，又促成客家人闯南洋、到海外谋生的传统。因此，这里虽地处山区，却并不封闭。晚清以来，蕉岭涌现了不少革命家，如抗日保台爱国志士丘逢甲、黄花岗七十二烈士之一林修明等。

伴随谢晋元成长的不仅是古代的英雄、近代的志士，还有许多关于孙中山先生闹革命的故事。有的说孙中山同反清复明的组织“三点会”有关；也有人说孙中山有法术，能腾云驾雾，逃脱清兵的包围；更有人说孙中山有真本事，外国人都保护他。从南洋返乡的华侨，十分相信他，很多人都愿意拿出几千、几万银圆来帮助他闹革命。这些故事，在孩童的谢晋元听来，有滋有味。他也许还不知道革命是何物，但是孙中山似乎也算得上他心中的英雄偶像。偶尔，他甚至想着，哪一天自己也能成为一个“英雄”！

如果说是父亲给谢晋元打上英雄的烙印的话，那么母亲则教会了谢晋元要自立、坚韧和仁爱。母亲李氏是潮汕一带渔民的女儿，出身贫穷，性情温和，待人接物宽容有度。谢母勤俭持家，严格要求子女，经常教导“一粥一饭，当思来之不易”，这些深深影响了谢晋元的一生。而对谢晋元最深刻的，是母亲言传身教的生命教育。

小时候，谢晋元常看到母亲在杀鸡鸭的时候，口中喃喃作语，于是问道：“妈妈，你在说什么啊？”母亲回答说：“你是小孩子，年幼无知，看到杀动物，喜笑颜开。但是，天地间万物皆有灵性，生命是最宝贵的，伤害生命即罪过。我们为了吃肉而不得不杀生，但是内心要时刻善待生命。不要随意捕捉、折磨动物，更不要视若草芥。”母亲话语间充满着悲悯和伤感，她对生命的爱惜和珍重，教导着谢晋元爱护生命，要有仁爱之心。

谢发香夫妇共生育子女九人，二男七女，哥哥谢晋洪、弟弟谢晋元和七个姊妹。为了谋生，弱冠的哥哥早年带着三个妹妹远赴南洋，却不幸感染疟疾而早逝。悲伤的父母便将家庭的希望寄托在幼子谢晋元身上，供其读书，育其成才。

1913年春，刚满八岁的谢晋元入“育民学校”读书。几年前，在清末新政的推动下，全国兴起了一股办学热潮。尖坑村的父老们也不甘落后，利用村中的几间旧平房，创办了这所小学堂，取名“育民”，寓意教育民众。当时的育民小学仅是初级小学，设四个年级，春季开学。学校的课程主要是国文传统教育，教读《三字经》《百家姓》《千字文》《论语》等，此外尚有基础的算术课。四年的课程，谢晋元认识了好些字，还能勉强读《三国演义》之类的名著，甚至能写一篇像模像样的书信。算术方面，也学会了加减乘除、分数、比例等，学业渐有进益。

小贴士

初小与高小：即初级小学与高级小学。按照民国时期的学制规定：初级小学校，修业年限为四年，收七至十岁儿童；高级小学校，修业年限为三年（或两年），收初小毕业生。初、高级小学校合设的称“完全小学”，简称“完小”。

完成初小学业，谢晋元以优良的成绩考入高小——三圳公学（现晋元中学）学习。三圳公学设有两年制的高级小学课程。由于离家有十多里路，年仅12岁的谢晋元开始了住校生涯，只有每逢周末才步行回家。两年的住宿生活，他的自理能力大幅提高，学会了基本的生活技能。高小的课程除了国文、算术，还有自然、习字。谢晋元跟着老师，开始读《滕王阁序》《赤壁赋》《史记》

等，并学写习作。每个星期，他也练习几个小时的毛笔，学写颜体、欧体，从此练了一手好字。谢晋元不但学业成绩优良，并且喜欢体育运动，每天早起参加早操，下午课余时间和同学踢足球，培养了运动爱好，练就了一副好身体。

两年后，他以全校第一名的成绩毕业，考入广东梅州地区最好的中学——梅县省立中学(1926 年改为省立第五中学，现梅州中学)。梅州中学是在辛亥革命后由嘉应官立中学堂、务本中学堂、东山初级师范学堂和梅东中学堂四所中等学校合并而成的，校址选定务本中学。开国元帅叶剑英、老一辈革命家古大存曾就读于务本中学，谢晋元与他们可谓校友，特别是后来与叶剑英还成为好友。东山初级师范学堂则是由清末教育家、外交家和诗人黄遵宪创办的，极力主张废科举、办新学，宣传爱国教育。梅州中学承继了这一爱国思想，并且受到了孙中山民主思想宣传影响。学校定期开展爱国教育，每年“五七”“五九”国耻纪念日，都要召开全校师生大会，痛诉政府无能，国家屡受帝国主义列强欺侮宰割，教育鼓励同学们一定要好好学习，报效国家。

小贴士

“五七”“五九”国耻纪念日：第一次世界大战期间，日本帝国主义企图独占中国，提出要袁世凯政府接受“二十一条”的最后通牒。1915 年 5 月 9 日，袁政府基本答应接受“二十一条”，遭到全国人民的反对，全国各地纷纷展开反日爱国斗争。后遂以 5 月 9 日为国耻纪念日，部分省份以日本提出“二十一条”的最后通牒日期 5 月 7 日作为国耻纪念日。

1919 年，五四运动爆发。当收到五四运动的消息后，学生们立即响应并支援北京学生运动，集体走上街头组织游行示威。他们张贴标语、散发传单、高呼口号，痛斥帝国主义，打倒卖国贼，要求取消不平等条约。入学不久的谢晋元，深受五四运动的形势影响，参加了这场反帝反封建的爱国民主运动，还宣传运动，号召同学们参加实际斗争。谢晋元与同学们一起行动，开展抵制日货运动。他们每天都组织学生，50 人为一队，到码头、车站、商场巡查，将查获的货物集中焚烧。他们的行动获得了许多工人、农民、店员的支持，取得了极大的成功。

在五四运动的启迪下，梅州中学中有很多进步青年教师都积极宣传民主革命思想，包括马克思主义思潮在内的各种新思潮，各种新刊物如《新青年》《新潮》《大声》《兴民报》等在校内广泛流传。这些思潮进而影响了教学，写作课由史论、格言、游记改为了时评、描写现实、臧否当代人物。

在新文化、新思潮风气的引导下，谢晋元的心智得到了极大的提高，真正地接触到了新文化思想。他自命别号“牖民”，寄寓着他的人生理想。“牖民”一词，出自《诗经·大雅·板》：“天之牖民，如埙如篪，如璋如圭，如取如携。”此句话的意思是只要君子善于诱导，民众是会受很好地影响的，就像吹奏埙篪那样和洽，又如璋圭相配相称，时时携取、佩挂。无疑，谢晋元希望成为一个“觉世牖民”之人，希冀用自己的思想、言语、行为来唤醒民众。

他担任校内的学生自治会主席，在各类学生运动中发挥了积极的作用，这一职务又锻炼、提升了他的组织能力和领导能力。在参与社会活动的同时，谢晋元从来不忘自己的学业，好读诗书，擅长书法。那时候，教育界都主张军国民教育，十分重视体育教练。除了拿木枪进行整齐划一的军事教练外，也鼓励学生进行体育运动。大概受南洋华侨的影响，梅县的足球运动特别流行，甚至还有一个“足球之乡”的雅号。谢晋元的足球爱好得到发挥，还担任了学生足球队的队长。

四年后，谢晋元以优良的成绩中学毕业。家境困难的他希望继续升学读书，但大学的高昂学费却是无法承受的。当有人告诉他，去广州读广东高等师范学校(后合并为广东大学，1925 年更名为中山大学)，每年只要两百小洋，不要学费、膳宿费、讲义费，每个月还可以领几元的伙食津贴时，谢晋元毅然决定，报考广东高等师范学校。

18 岁的谢晋元，只身来到广州。近代的广州，一直是帝国主义侵略的前沿，鸦片战争就是从这里开始的，帝国主义列强从这里开始入侵中国。在广东高等师范学校就读的几年中，谢晋元亲眼看见帝国主义侵略我国的事实，切身体会到帝国主义和封建军阀肆意欺压、血腥屠杀民众的种种罪行。1923 年，因中国内政“关余”事件，英、美、法、日四国公然以武力相威胁，调集十余艘军舰到广州的白鹅潭示威，扬言将炮轰广州政府。次年，在英国的策划下，广州商团公开发动武装叛乱，向庆祝“双十节”的游行群众开枪。1925 年，广州人民举行声援“五卅运动”的反帝示威游行，群众队伍行经沙基时，遭到英法帝国主义军队开枪射击，当场死亡 52 人，重伤 178 人，轻伤无数，酿成惨案。愤慨于帝国主义的强暴侵略，谢晋元在积极参加爱国斗争、努力完成学业的同时，也不断思考着人生的前途和方向。

小贴士

关余：是指海关关税中扣除偿付外债、赔款等所剩的余额部分。鸦片战争后，帝国主义列强通过一系列不平等条约，控制了中国海关管理权，攫取了关税的征收和保管权力，进而控制关余的拨付权。纯属中国内政的关余问题，中国政府却不能随便提用，拨付时须先征得外国公使团的同意。关余的拨付甚至成为帝国主义列强操纵中国政局的一张王牌。

当时的广州，不仅是反对帝国主义侵略的最前哨，更是中国革命运动的中心和孙中山的革命根据地，是满怀革命理想青年精英的聚集地，革命的新空气熏陶着这里的每一个人。著名的广州首义、"三二九"黄花岗起义均发生在这里,革命先驱孙中山曾经三次在这里建立政权。而谢晋元就读的高等师范学校正是孙中山领导的国民党进行政治活动的主要场所之一。1924 年 1 月,国民党第一次全国代表大会在学校大礼堂隆重举行。同年 2 月到 8 月,每逢星期日,孙中山都会在学校大礼堂演讲新三民主义学说,全校师生、国民干部、革命民众等都多次前往听讲,谢晋元也不例外。孙中山一共演讲了 16 次,淡黄色的通帽、笔挺的中山装,极富吸引力的声音和演讲内容,深深地吸引了所有听众。在演说中,孙中山讲述了许多过去革命的故事,声如洪钟,煽动力极大。他号召国民猛醒,要青年立志拿革命的主义去救国,以振兴中国。每次演讲,谢晋元都在台下聚精会神地倾听,听完演说,内心受到欢欣鼓舞。

1924 年 6 月 18 日,孙中山亲手创办的黄埔军校(正式名称:中国国民党陆军军官学校)开学,学校宗旨是"建立革命军,挽救中国的危亡"。在开学典礼上,孙中山给青年学生们做了热情洋溢的讲话:"要从今天起,立一个志愿,一生一世,都不存在升官发财的心理,只知道做救国救民的事业。"作为培养国民革命精英的教育机构,黄埔军校一时间成为热血青年追求人生志向的革命圣地,来自五湖四海的优秀青年和知识分子纷纷前来报考,接受革命的洗礼。充满着青春活力的黄埔师生,以高昂的革命斗志、顽强的作战精神和激扬的革命歌声,倾诉着"谋求同胞幸福"的革命目标,奏响了催人奋进的革命旋律。这些二十出头的黄埔学子,朝气蓬勃,在严格的政治、军事训练下,逐渐成长为一支有组织、有主义的革命军队。东征的胜利,更让黄埔军校的名声远扬。黄埔军校,成为无数热血青年追求革命目标、施展人生抱负的圣地。

黄埔军校

在大革命时代新空气的熏陶下,谢晋元难以抑制心中的激情,一遍又一遍催醒着自己的英雄梦。他毅然决定效仿班超,投笔从戎,并赋诗自勉:

河山破碎实堪伤，
休作庸夫恋故乡；
投笔愿从班定远，
千古青史尚留芳。

这一决定，改变了谢晋元的一生，成为他命运的重要转折点。1925 年秋，谢晋元考入黄埔军校第四期入伍生总队，学习步兵操典、制式教练、野外步哨、尖兵等课目训练。黄埔军校自第三期开始实行入伍生制度，入伍生只是黄埔军校的预备生，着重学习军事技术和知识。在经历数个月的学习后，经过考核合格才能升为正式军校学生，并视其考试成绩，分配到步兵、炮兵、工兵、经理及政治等科受训。谢晋元顺利通过考试，被录取并分派到政治科大队第三队学习。

黄埔军校第四期学员于 1926 年 3 月 8 日正式开学。由于该期学生数量激增，新校舍尚在基建，于是政治科大队被派到离校本部将近 20 里的沙河营房学习。所谓营房实际上只是一个个葵棚，毛竹立面、蒲葵覆顶、芦席作壁而成。生活虽艰苦，但对于生长在广东农村的谢晋元来说，却十分常见了。尤其是自己是来参加革命的，首先应该生活革命化。实际上，在这简易的校舍里，建有宿舍、饭堂、盥洗室、俱乐部、大操场等，一应俱全。谢晋元在此和全大队学生生活了四个多月，才迁至学校本岛蝴蝶岗新建校舍。

黄埔军校的教育方针是军事与政治训练并重，除学习军事知识及技能外，还需进行最基本的革命理论和革命知识的教育，其中以孙中山的三民主义和马克思主义基本理论最为重要。而政治科为新学科，它的重点是政治教育，政治课目有 20 多门，包括三民主义、社会主义、帝国主义、苏联研究、各国政党史、各国革命史、工人运动、农民运动、学生运动、社会科学概论等等。教学方式亦多种多样，有政治演讲、政治讨论会、政治问答、组织宣传队及出版刊物等。政治大队的教官汇聚了名望极大的一批教师，有恽代英、郭沫若、高语罕、萧楚女、于树德等。更难得的是政治部主任周恩来多次在大课上讲演《国内外革命形势的分析》，讲革命道理和大局形势，谢晋元百听不厌，常听常新。课程之外，谢晋元常常自己阅读《中国国民党第一次全国代表大会宣言》《建国大纲》《三民主义》等书，以提高政治觉悟和思想水平。此外，谢晋元还和同学们一起积极投身社会工农运动和政治宣传实践，每周携带预制的标语、画旗、画报等，到乡间向民众宣传国民革命和革命军队，为将来毕业分配到军队担任党代表或政工人员奠定基础。

政治教育之外，在周恩来的要求下，还加强了军事训练。每天严格执行“三操两讲”，认真学习战术、兵器、筑城、地形四大教程，还开展军制学、马学、经理学、卫生学、兵器学、地形学、测图演习等符合战争需要的军事教育。学生除了在操场进行制式教练，认真学习一招一式的动作，还要在野外演习，并且通过实际战斗的锻炼，迅速培养实战能力。9 月中旬，谢晋元随队参加野营演习，使用新式步枪实弹射击。

1926 年秋，广东国民政府北伐出师获捷，北定武汉三镇，东逼苏杭宁沪，前线急需补充大批中下级军官。在此形势下，黄埔军校第四期学员不得不提前毕业。在短短半年的时间里，谢晋元不仅学习了基本的军事技能，更重要的是培养了军人的意志和精神。严格的实操训练和高强度的野外作业，锻炼了谢晋元坚毅不屈和绝对服从纪律的军人性格；军事与政治并重的课程教育，培养了谢晋元相当的政治学识和奋斗牺牲的革命精神。在谢晋元的身上，深深地烙上了黄埔的印迹。在以后的战争岁月里，正是靠着黄埔的牺牲精神和革命纪律，谢晋元度过了人生中最艰难的日子。

与谢晋元同期毕业的这期黄埔学生人才辈出，后成为国共两党元帅、将军的有近 50 名，其中有中国共产党优秀将领林彪、伍中豪、刘志丹，国民党将领张灵甫、胡琏、高魁元等。他们在北伐和抗日战争中，英勇战斗，不乏为国捐躯、名流千史之流。谢晋元正是其中的优秀代表之一。

黄埔毕业后，谢晋元被派往国民革命军第 1 师任排长，随军北伐，转战龙游、桐庐、上海、济南，英勇果敢，身先士卒，当者辟易。26 岁时，谢晋元升任中尉连长。

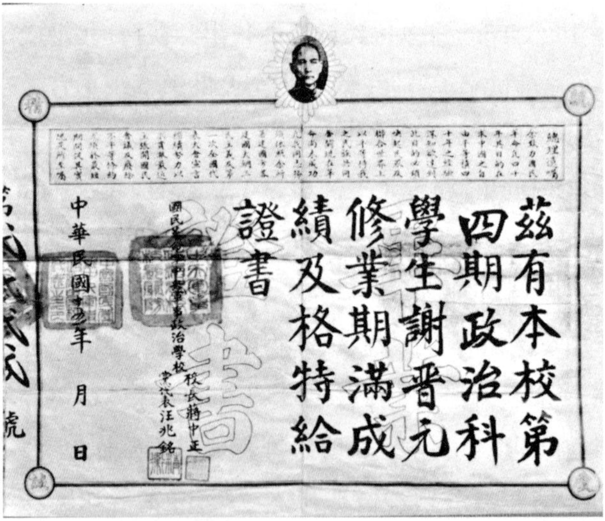

谢晋元黄埔军校毕业证书

在谢晋元逐步成长为一名革命军人的日子里，中华民族正陷入了空前的灾难之中，日本帝国主义疯狂侵略我国领土。面临生死存亡的严峻考验，无数中华民族的优秀儿女义无反顾，走上战场。在抵御侵略的战斗中，谢晋元与“八百壮士”的壮举，将在保卫国家和民族的英雄史册上，写下光辉的篇章。

第二章　保家卫国　血染淞沪

从19世纪70年代中期起，明治维新后的日本，迅速走上军国主义道路，不断发动对外侵略战争，相继吞并琉球与朝鲜，蚕食中国边疆，欲图灭亡中国。日本政府公然宣称："欲征服中国，必先征服满蒙；欲征服世界，必先征服中国"。1931年，日本军国主义分子蓄意制造九一八事变，正式揭开了武装侵略中国的大幕。在中华民族危机空前严重的时刻，在中国共产党的领导以及各党派爱国人士、爱国民众团体的倡导和响应下，声势浩大的抗日怒潮席卷全国各地。

早在九一八事变之前，谢晋元就已经与日本侵略者打过交道，目睹了日军的残酷暴行。那是在1928年4月，为了统一全国，国民革命军开始第二次"北伐"，谢晋元随所在部队一路战斗前进。北伐军节节胜利，很快攻入山东省。日本政府以"保护侨民"为由，悍然派兵进驻山东济南、青岛及胶济铁路沿线，阻止北伐，试图趁机占领山东全省。

小贴士

第二次“北伐”：指北伐战争的第二阶段。1927 年因国共破裂，北伐战争陷于停顿。1928 年，南京国民政府发动对奉系军阀张作霖的战争。因国民党自称这次战争是北伐战争的继续，故称为“二次北伐”。当年即攻克北京，张作霖被迫撤回东北并被日军炸死于皇姑屯。后其子张学良宣布东北易帜，中国获得形式上的统一。

5 月 1 日，国民革命军进入济南后，中国民众和官兵屡次遭到日军肆意残杀。5 月 3 日上午，日军借故发动突袭，毫无防备的北伐军一部武器被缴，不少官兵惨遭杀害。日军的野蛮行径激起了中国军队的满腔怒火，卫戍济南的部分官兵奋起还击。战斗中，谢晋元奉命率部参与进攻，与日军展开激烈战斗，身体数次受伤，依然坚持不下火线。北伐军越战越勇，成功地压制住日军的嚣张气焰。战斗结束后，谢晋元因右膝中弹，转到后方医院治疗。

但是北伐军总司令蒋介石闻讯后，却下令停止向日军还击，希望通过外交交涉解决争端。日本侵略者借机得寸进尺，相继占领济南电报局、邮政局，炸毁电台。他们公然破坏外交法规，闯入国民党战地政务委员会外交公署，凌辱和集体屠杀中国外交人员，外交特派员蔡公时被削下鼻子、割去双耳、挖去双目后枪杀，惨不忍睹。之后，日军炮轰济南城，烧杀抢掠，无恶不作。一时间尸体遍街，血流成河，整个城市变成一片鬼蜮世界。此次惨案，中国军民被焚杀死亡者达 17000 余人，受伤者 2000 余人，被俘者 5000 余人，财产损失不计其数。身在后方医院的谢晋元听闻日军暴行后，气愤填膺，恨不得立刻返回战场。然而，南京国民政府实行对日妥协退让的外交政策，主动撤出济南，与日方达成妥协协议，不了了之。

经过这次战争，谢晋元认清了日本帝国主义的侵略野心。他暗暗发誓，终有一天，中华民族会站起来，凝聚全民族的力量与日本帝国主义决一死战。这个念头，随着日本侵略的加深，愈加成为谢晋元的坚定信念。

九一八事变后，日本帝国主义占领中国东北。紧接着，为转移全世界对其侵占东北、炮制伪满洲国的视线，并企图夺取侵略中国东部沿海的新基地，便把罪恶的黑手伸向了上海。1932 年 1 月 28 日夜，在沪日本侵略军向中国军队突然发起袭击，第一次淞沪抗战爆发。

第一次淞沪抗战中，第 19 路军奋勇抗敌

驻扎上海的军队是由蒋光鼐、蔡廷锴领导的第 19 路军，他们奋起抗击。在中共地下党和广大人民群众、海外华侨的广泛支援下，第 19 路军坚决抵抗，以简陋之师屡挫装备优良、数量众多的日军，迫使日军死伤万余人，并三易主帅。国民党政府实行“一面抵抗，一面交涉”的方针，拒绝援助抗日将士，不断对日妥协。第 19 路军腹背受敌又孤立无援军，被迫于 3 月 1 日撤离上海。在英美等国的所谓“调停”之下，中日双方于 5 月 5 日签订丧权辱国的《淞沪停战协定》，规定上海至苏州、昆山一带地区中国军队不能驻扎。

《淞沪停战协定》并不能阻止日本侵华的野心。自

1932 年始，日军逐步侵占热河，进逼平津，全力推行“华北自治运动”，企图将华北五省变成第二个东北。中华民族面临着亡国灭种的严重危机，全国各阶层人民要求一致抗日，抗日救亡热情进一步高涨。

小贴士

“华北自治运动”：为了把华北变成第二个“满洲国”，1935 年，日本帝国主义以军事为后盾，策划华北“自治”，企图通过收买汉奸、扶植傀儡政权，实现不费一枪一弹占领华北的阴谋。由于全国抗日救亡运动的兴起，日本建立“华北国”的妄图破灭。从 1936 年底开始，日本法西斯决定用武力夺取华北，从而引起卢沟桥事变的爆发。

民族危亡之际，谢晋元一直坚信中国抗日必定能赢得胜利。1934 年，谢晋元参加国民党庐山军官训练团第二期受训。蒋介石亲临讲堂，几番阐释“攘外必先安内”，坚持推行“剿匪”；学员们在课下亦谈及中日战争的未来，有的学员认为我国的飞机、枪炮装备远不及日本，战必亡。然而与日本侵略者打过交道的谢晋元坚决反对这些观点。他一再地讲:“日本是中国的最大敌人,日寇侵华野心不死,中日之战不可避免。战争必定是长期的,但只要我们每一个军人决心誓死保卫国家,中国是不会灭亡的。”

庐山毕业后,谢晋元调任陆军第88师补充团少校营长,先后驻防皖南及四川涪陵等地,旋晋升中校团附。1935年,补充团改编,谢晋元调任师部中校参谋。1936年10月,谢晋元又调任第88师第262旅旅部中校参谋主任。

这时,第88师的驻地在江南一带,师长是孙元良,与第87师、第36师同属京沪分区,归张治中指挥。这三个师的前身是德国军事顾问训练出来的教导师,是国民政府的精锐部队,由最高统帅部命令,在京沪地区进行必要的作战准备。华北情势紧张后,统帅部用“军校野营办事处”的名义在苏州狮子林设置指挥部,经常召集各部队长官及幕僚,研究策划作战准备的一切事宜。各部队官兵斗志昂扬,士气振奋,枕戈待旦,准备随时出动杀敌。

谢晋元参与的其中一个重要任务是前往上海实地侦察。由于《淞沪停战协定》中规定,中国军队不能驻扎在上海地区。为了准确掌握日军部署情况，认识攻击目标情况，野营办事处组织各部队营长以上干部，分批潜入上海进行实地侦察。谢晋元在第二批前往的小组中，由第87师第261旅旅长刘安祺率领，同行的有后来担任第88师参谋长的张柏亭、炮兵营营长王洁等人。侦察范围为闸北地区的宝山路、八字桥、江湾路一带，特别是重点侦察了位于北四川路底、天通庵车站附近的日本海军陆战司令部及其周围地形。

日本海军陆战队司令部，是一座不折不扣的堡垒

这一行人中，只有张柏亭与谢晋元曾在闸北待过。张柏亭早年在此读书，而谢晋元于北伐后期长时间驻防闸北，可谓熟门熟路。在两人的带领下，他们详细侦察日军所建地堡、街垒，按照顺序统一编号，标志在军用地图上；对每个据点的通道、射向、兵力、可能配置的武器一一记录，并熟记于心中，为战斗作充分准备。不过，他们一行还是引起了日军的怀疑。在公园靶子场附近，他们发觉几个流氓大汉一直鬼鬼祟祟地跟在后面，指手画脚。机警的张柏亭与谢晋元判断这十有八九是日军奸细，立即绕道到北四川路的一户人家躲避，方才顺利脱身。

这一点惊险对于久经沙场的谢晋元，自然算不上什么。但是，他也深深体会到悲哀，在中国的土地上，我们都不能光明正大地行走，悲恨交集！但他坚信，终有一天，我们会骄傲地站在这片大地之上。

谁也没有料到，这一天来得这么快！

1937年8月11日，这个普通的日子，对于谢晋元来说，却是一个永远值得纪念的日子，一个伟大的日子。这一天晚上，漆黑的夜，满天的星，稻田里的萤火，道路旁的蛙声，谢晋元像往日一样在僻静乡村的旅部里休息。晚上十点，刚刚躺在床上，准备入睡。这几天，谢晋元有些失眠，一闭上眼睛，脑袋里就想起报纸上的战争报道，北方的战争正进行得如火如荼，上海的形势也日趋紧张。

二十世纪二三十年代的上海，是亚洲和远东最大的国际都市，是中国最重要的工商业中心，租界林立，华洋杂处。日本人借虹桥机场事件在上海耀武扬威，在沪的日海军陆战队已达五六千人，留居上海的日侨在乡军人也被动员起来。在国共合作、一致对外的抗日民族统一战线旗帜下，中国最高统帅部也决定在上海向全世界昭示中国抗日御侮的决心。所有人都能感到战争正在临近，谢晋元也一直在关注事态的发展，深知战争不可避免，只是时间问题。

忽然，窗外急促的马蹄声、叽咋的脚踏车声频作，谢晋元立即起身，询问发生了什么事。传令兵走来，说正准备报告，接到师部命令，部队以动员演习的名义迅速集合，轻装赶赴上海。谢晋元愣了一下，立马反应过来，这次可能是真的要和日本帝国主义开战了。假使战争真的发动，真是自己的幸福，终于不必做亡国奴了。无暇细想，远处已然飘来使人紧张的集合号声，谢晋元看到，旅部门前慌乱的身影，传令兵似湍急的流水一般来往匆匆，远处的黑夜里一支支队伍正聚集起来，每个士兵身上都挂满了东西：枪、子弹、手榴弹、刺刀、钢盔、工作器具、水壶、干粮袋，有的还带着防毒面具。他也立即整理行装，随队前往火车站。

在疏落的电灯光映照下，沿途人流不息，寂静的道路被杂乱的脚步声震动得轰轰作响。等走到火车站，刺眼的灯光，月台上堆满了东西，更是人声鼎沸，火车吼叫着，来往奔跑的士兵叫嚷着。疾驰的火车吹着前进号，载着一伍又一伍的官兵奔驰而去。

登上火车，谢晋元遥望火车窗外的夜空，数千里之外，几番思乡愁绪涌上心头。去年趁春节之际，在谢晋元再三劝说之下，妻子凌维诚才答应带着子女返回蕉岭老家。自从 1930 年结婚以来，他随部队南征北伐，飘零不定，陪伴妻子与幼子成为难得的奢望。最近一两年，刚回到上海附近，与妻子相聚，又逢中日之战一触即发。在命途多舛之际，妻子恰逢又有身孕，他只好将妻儿送回蕉岭老家。返回部队前，他对怀孕的妻子说："日寇侵华野心不死，中日之战不可避免。作为军人，唯有誓死保卫国家，国不亡，家不亡！战争残酷，把你们留在老家，我才能安心杀敌。侍奉公婆、抚育子女的重担都要劳你承担……"回忆起这些，谢晋元脸上不禁露出淡淡的笑容，不知道一岁的小儿子是否在蹒跚学步？

车厢的缝隙吹进微冷的风，晃动中火车不停地向前驶去，驶过了黄渡，驶过了南翔，驶着驶着天空已经朦胧变亮，已经是 8 月 12 日了。"咚"的一声脆响，火车猛地停了下来，是到了真如车站。

这里离目的地——闸北还有十余公里路，受《淞沪停战协定》约束，火车已经不能继续向前，只能开汽车或者步行。沿途是郊区，一片旷野，零散着几个小村庄。每逢经过村庄时，人们都好奇地看着，三三两两地询问。当得知是要到上海与日本打仗时，都问东问西，大胆的甚至上前看看士兵手里的捷克式轻机关枪，士兵则反过来详细询问上海最近的情形。

这时已经上午十点了，八月的上海酷热难耐，太阳烤着每一个人，满头的大汗淋漓。有人很快就提了一桶热开水来，接着又弄来了更多的水，士兵们开始大碗大碗舀着喝。沿途一路，几乎每户人家门口都摆着大碗、水壶。小贩们也半送半卖地将油条、大饼递给士兵，当没钱的士兵向旁边战友借时，卖油条的大爷却笑着躲了开去："别别别……"谢晋元晃身而过，疾步向前，但是看到眼前的场景却十分感动，什么时候见过民众与军队这样亲近啊！

下午时分，谢晋元所在的第 262 旅到达闸北的北火车站附近。附近的居民忽然发现街上的情景与往日大不相同，数不清的士兵蜂拥而来，身着卡其色军服，头戴德式头盔，胸前挂着手榴弹，他们惊讶地问道："你们从哪里来？""怎么这么快就到了？"同时，成千上万的家庭扶老携幼，背井离乡，试图逃难，进入公共租界。这里将成为战场，民众自然应该撤出，所以大街上全是人，推着一堆一堆东西，混乱不堪，道路拥塞不已。还有的士兵正在竭力劝说留在屋子里的老百姓离开。

谢晋元无暇顾及，他的首要任务是协助旅长彭巩英指挥部队迅速占领各自阵地。辖属的第524团在右，第523团在左，各连队按照事先指定位置，进入阵地，加紧构筑防御工事和掩体。部队的先头已经推进到西宝兴路、八字桥一带，隔着浑浊的横浜河，抬头望去，远远就能看见日军司令部这个侵略大本营，像一艘无畏舰一样的怪物，骄傲的太阳旗不可一世地飘在天上。那就是目标！

天渐渐暗下来，浓黑的夜幕再次降临。平静的闸北，道路上只有刺眼的灯光，没有一个人，没有一辆车，连猫和狗都悠闲地窝在角落。谢晋元没有时间睡觉，每个团、营、连都要按照预先的计划布防，安排警戒。尽管手头的事让他根本停不下来，但是他心头却一直藏着一个疑问："为什么还不打？"这个问题事实上不只是他的疑惑，许多官兵都强烈要求进攻。各部队均到达指定位置，攻击准备已经完成，而日军此时尚毫无防备，趁此时机，一定能一举将日军击溃，占领上海！这样绝好的机会，在瞬息万变的战场，随时会白白错过啊！不过，在师部未下达进攻命令前，是绝对不可以行动的，军人以服从命令为天职。

他还知道，当初，第 88 师接到的命令是占领真如，而师长孙元良却决定让部队直开闸北，占据有利态势。师长的判断，谢晋元是十分相信的。但现在，又能如何呢？统帅部的命令很简单：暂不进攻，为了中国在国际上的形象，要让日本人先开枪。谢晋元无可奈何，遵照师部的命令，部队原地待命，不许开战。

这样的夜晚是无法入眠的，闭上眼睛，耳朵却睡不着。忽然，从敌人阵地的方向连续传来一阵又一阵的声音，似乎是大铁桶在地上翻滚，轰隆隆，轰隆隆……夜惊醒了，人们纷纷走出房门，彼此询问。不一会，哨兵报告：敌人不知道在干什么，但肯定是在做防御工事。谢晋元有些低沉，机会转瞬而逝，前面的横浜河，不知道将埋葬多少官兵的性命！

次日，所有的士兵继续做工事，装麻包、挖掩蔽、放刺铁丝，战车防御炮上也伪装了树枝。敌人的司令部大楼上的瞭望台清晰可辨，挑衅般的太阳旗依旧无力地飘摆。一切平静的吓人，像打仗吗？

“啪！”

“啪！啪！哒！哒！——”

一下子，一切都混乱起来，人仰马翻，士兵立刻操起枪支，装上子弹，冲到街道上。枪声从前方传来，鞭炮一样密密麻麻地响着。中正式步枪、重机关枪的开火声不时在耳畔响起，还有大炮的轰隆声。有消息传来，是第523团第1营在向八字桥搜索前进时，遇到身着平民衣服的日本海军陆战队队员乔装的浪人，对方不断挑衅，进而率先向我军开枪！中国将士忍无可忍，被迫还击！淞沪会战的第一枪打响了！8月13日，注定将名垂史册！

受到日军攻击以后，第88师第262旅迅速以宝山路为结合部，第524团为右翼，第523团为左翼，阻击日军冲锋，并向前攻击八字桥及天通庵车站，反复争夺阵地。8月14日拂晓，在第88师的强力攻击下，敌军节节后退，利用坚固工事顽固抵抗。我攻击部队前仆后继，英勇攻击，夺得爱国女校、粤东中学、持志大学等据点，从多路逼近敌海军陆战队司令部。这一天，一架架银色的中国战机出现在空中，轰炸黄浦江上的日本船舰和司令部、汇山码头等重要目标，成功地击沉、击伤数艘日军舰艇，击落三架日机，中国空军无一损失。首战告捷，大大振奋了官兵士气和全国人心。然而不幸的是，在地面最前沿阵地指挥的第264旅旅长黄梅兴少将，竟被敌迫击炮弹击中，壮烈殉国，同时牺牲的还有旅部参谋邓中校以及通信排官兵30余人。黄旅长牺牲后，第264旅指挥顿时失去重心，当日攻击不得不中止。

作战中的第 88 师士兵

在随后两日的战斗中，我军继续组织突击部队正面猛攻，而真正的行动则定于 17 日清晨。这次突击作战代号为“铁拳”，由谢晋元负责参谋作业，并具体指导实施。计划的核心是在密集火力的炮火攻击配合下，使用突击队的战术突破日军防线，强行插入敌军军营；根据日军防线过长的缺陷，选定日军阵地中央虬江路为突击点，腰部突破，使其首尾难顾，一举将其击溃；突击队以营长刘宏深少校为指挥官，率精锐战士 500 人；集中全师炮火，由炮兵营长王洁中校指挥，担任掩护。

在谢晋元的紧张指挥下，当夜完成一切部署。17 日清晨5点，“铁拳计划”如期拉开战幕。全部火力齐发，轰向目标地区，日军防御工事陷入一片火海。第88师、第87师向目瞪口呆的日军发动了迅雷不及掩耳的攻势。在最初的几个小时里，刘宏深率领的突击队利用熟悉地理的优势，或横穿房屋，或屋顶架桥，迅速地从一个街道前进到另一个街道，一路进展顺利。但是很快遭遇了日军的殊死抵抗，在日军装甲部队的阻击和日海军炮火的强力支援下，进攻最终受挫，刘宏深中弹身亡。计划之所以未取得预想战果，主要是因为我军缺乏现代化的武器装备，没有飞机、坦克的支援，炮火也不足，仅凭血肉之躯，很难突破经营已久的日军现代化防御。尽管如此，这次行动还是重创了日军。日军伤亡惨重，主动缩短战线，主力退守虹口公园和陆战队司令部。

在随后的日子里，我军持续向杨树浦、汇山码头攻击，甚至攻抵汇山码头，攻入日军司令部。但是受到敌海军舰炮、飞机激烈的轰击以及日军坚固的防御，不得不退出。尤其是日舰的炮击，对我军形成莫大困扰。谢晋元经过深思熟虑，在淞沪警备司令部稽查处长王兆槐的合作下，提出摧毁停靠在汇山码头的“出云”舰的计划。“出云”舰是一艘曾参加过日俄战争的装甲巡洋舰，后改为海防舰，担任第三舰队旗舰，是日军在上海的指挥中心。如果能将其摧毁，必将获得重大战果。所以，淞沪战役爆发以来，中国海军空军均把打击的矛头对准了“出云”舰，几番轰炸，其虽受重创，战斗力消失，却依旧停泊在黄浦江中央。谢晋元将计划报告了张柏亭参谋长，得到认可后立即策划执行。

日军“出云”号巡洋舰

八月下旬，经过周密计划，谢晋元完成了一切准备。当时黄浦江尚可以通行民船，谢晋元利用一艘快速的小火轮，携带特种爆炸物，由南市十六铺附近出发，沿黄浦江驶近“出云”舰，试图在距离三四百米处施放。但计划实施时，遭遇敌舰要求停船检查，执行人员心里恐慌，未达预定距离，提前发射鱼雷，故未能击中“出云”舰，仅仅是炸毁汇山码头的一部分，汇山码头因爆炸引起冲天火光。船上三名人员则遭敌舰炮火射击，来不及逃离，全部成为殉国的无名英雄。

谢晋元的计划虽未能达成，但震撼敌军，精神效果不凡。其后敌军不敢再在该舰驻节，而黄浦江内的敌舰，也远向杨树浦以东江面移动，舰炮射击一时陷于沉寂。突袭“出云”舰，谢晋元虽功败垂成，但仍受到各级长官的嘉许。

从 8 月 13 日至 8 月 23 日的 11 天时间里，中国军队以精锐兵力向日军发动连续攻击，几乎接近完成对日防御体系的割裂，胜利的曙光在望。然而，就在 23 日，形势突然逆转，增援日本陆军抵达，规模更大的日军在吴淞、狮子林及川沙口登陆，迅速投入上海战场。战争的重心改成沿江抵抗登陆作战，从而转移到罗店到蕰藻浜一带。中国兵力捉襟见肘，不可能抽调更多部队用于闸北的进攻，这里的作战变成牵制作战，核心任务从进攻转为防御。

在接下来三个月的激战中，第 88 师一直坚持在闸北阵地上，英勇抵抗，始终坚持战斗，虽然装备远不如敌，但官兵皆奋不顾身、视死如归。每一寸土地的争夺，敌军都要付出惨重的代价。敌人掌握着制空权，每天敌机都要进行低飞扫射，轮番轰炸。由于战斗激烈，伤亡很大，人员共补充了四次，每次都补充一两千人。可以说，整个战斗期间，部队人员几乎全部调动了。但我军士气旺盛，同仇敌忾，即使新兵也毫不畏死，到达前线后立即投入战斗，敢与敌人展开短兵相接的阵地战。正是这样一批批英勇捐躯的官兵，才使得我军在武器优劣悬殊的战争中相持了三个月，并使日本侵略者付出了惨重的代价。中国官兵在战场以血肉之躯与日寇相拼搏，浴血奋战，视死如归，其表现出来的战斗力量和爱国精神，赢得了国际上的一致赞誉。

9 月中旬，第 524 团团附黄永淮负重伤转往后方医院治疗后，谢晋元为了到第一线杀敌，主动要求接任并被批准。就在这样一个普通的军人职位上，谢晋元将大放异彩！

第三章　临危受命　誓守四行

1937 年 10 月 26 日的夜晚，淞沪战场上的炮火一如往日，拖着长长红尾巴的曳光弹划破漆黑的夜空，迫击炮声、钢炮声、机关枪声此起彼伏，回荡耳边。白天，大场方向传来噩耗，在日军数百架飞机和 40 多辆坦克的猛烈轰炸下，我大场守军虽浴血奋战，但由于敌我实力相差悬殊，工事全被摧毁，部队伤亡大半，大场成为一片火海。当日傍晚，阵地陷入敌手。防守大场的第 9 集团军第 18 师师长朱耀华，悲痛欲绝，举枪自杀殉国。幸亏卫士在枪响瞬间发现，伸手阻止，子弹仅是穿过右胸而未死。

大场位置险要，是我军第一道防线的结合部。它的失陷，意味中国军队阵线被切断，闸北、江湾的部队侧背受到威胁，有陷入日军包围之危险。因此统帅部下令部队实施总撤退，进入第二道防线，主要作战地区移向沪西苏州河南岸，重新建立防御战线。命令下达后，我一线守军皆表示誓死不退，愿与国土共存亡。长官再三劝导慰勉，官兵均痛哭失声。

当大批部队随着车辆、驮畜悄然转移时，第 88 师第 262 旅第 524 团依旧奉命坚守阵地，掩护大部队先行后撤；同时整理枪械、弹药物资，做好转移前的准备。望着眼前破败不堪的巷弄、焚毁一空的房屋、丢弃满地的尸骸，远处遍地大火，谢晋元感慨万千：自己在这里战斗了 70 多个日日夜夜，每一寸土地上都流着战友的鲜血，也让侵略者付出了生命的代价。当初繁盛的闸北，已变得人迹荒芜，已成废墟。然而，直到现在，阵地仍在我们的手中，任凭敌人武力再雄厚，手段再凶残，我们竭尽全力保卫每一条道路，每一栋房屋，在敌人猛烈轰炸下坚守毫无退缩。我军血战两个半月，始终坚守闸北阵地，从未换防，日军始终未能越雷池一步。现在因战略关系，却不得不忍痛撤退。我们虽然放弃了部分阵地，但是抵抗侵略的决心永不放弃！

晚上十时，谢晋元正在北站大楼团部与团长韩宪元商议撤退事宜。尽管尚未收到命令，但是撤退已是大势所趋，因此正安排各连整理器具弹药。忽然，电话铃响起，师部来电命令谢晋元中校立即前往。久经沙场的谢晋元知道，战场态势瞬息万变，每时每刻都充满变数，命

炮火连天、硝烟弥漫的闸北战场

令随时会根据战情发生变化。但这次是为什么呢？他有些莫名其妙，却没有丝毫犹豫，当即率传令兵一同前往师部所在地——四行仓库。转折行进在满布铁丝网和沙袋的鸟道中，硝烟弥漫，炮弹纷飞，有一两次，炮弹几乎从头顶擦过，不过这些对于已经在战场待了几个月的谢晋元来说，再平常不过了。

当谢晋元走入司令部，只见师长孙元良与参谋长张柏亭正焦急地等在那里。见到谢晋元来，孙师长迅速走过来，将一张小纸条交给他，上面写着："着第五二四团中校团附谢晋元率该团第一营（加强）杨瑞符部于本晚先在北火车站附近占领掩护阵地，掩护师主力转进后，迅速进入四行仓库，固守待命。”原来，为了唤起国际上的同情和支持，强调日本的侵略行为，蒋介石训令要留一部分精锐部队在闸北，死守上海。考虑到实际情形以及给养要求，孙师长决定以第 524 团第 1 营为基干，配属必要特种部队，由团附谢晋元与营长杨瑞符率领，担当留守闸北最后阵地这一光荣艰巨的任务。谢晋元心里好像划过一道意外的惊喜，以沉着的口吻答道：“师长，我们誓死坚守，保证完成任务！”

与师长话别后，他快步流星赶回团部。谢晋元无暇“惊喜”，想到现在部队正准备撤离，情势危急，一旦部队走散……他不由得心如火焚。这时已是 26 日深夜，接近午夜零时了。

等谢晋元飞奔到团部，韩宪元团长与杨瑞符营长正等在那里，一言不发，面露焦急，神色凝重。谢晋元走到他们面前，将师长的手令递给他们，并且转述了师部的具体安排。听到这些，韩团长非常难过，自淞沪抗战以来，自己与谢、杨并肩作战，生死与共。如今自己率部撤退，而两人则奉命死守最后阵地，战场凶险，前途未卜。谢晋元、杨瑞符却没有犹豫和退却，豪气干云地立誓：“请团长放心，我们要流尽最后一滴血，射完最后一粒子弹，与阵地共存亡，为淞沪战场留一片净土，为中华民族争人格。”韩团长握着他们的手，激动地说：“好！你们在这里和敌人作最后一拼吧！”韩团长就此与两人挥泪握别，率队后撤。后来，韩宪元在保卫南京的战斗中，牺牲于雨花台。

在与团长分别后，谢晋元马上与杨瑞符商量：“时间紧急，我先到四行仓库做好防务交接准备，你赶快下命令集合部队，火速赶来。”这时，大部队已陆续撤离，而第 1 营所属的四个连还散布在火线上，传令兵仅有两名，何况现在的第 524 团几乎完全是由保安团补充来的，在这炮火连天、局面混乱的情况下，能顺利集合队伍吗？这些疑问，对于谢晋元来说，答案必须是肯定的。虽已非当初的整编师士兵，但是部队的战斗力尚好，士气高昂。最重要的是在这次淞沪战争中，全体官兵前所未有的斗志昂扬，团结一致，为国家民族不惜牺牲一己，以血肉之躯与暴日相抗，视死如归。在如此士气的鼓舞下，任何官兵决不畏牺牲，坚决贯彻命令。因此，他坚信，当士兵接到命令后，自会毫不犹豫地前来集合。

不过，当谢晋元只带着一名卫兵火急火燎赶到四行仓库时，尚留在那里焦急等着交接的张柏亭参谋长见状却吓了一跳。听完谢的解释后，考虑到在此万难、紧张的情势下短时间内迅速集合队伍，绝非易事，表示理解。他详细交代了粮食、饮水、弹药的所在，各处防卫需要注意之处，以及联络的方式后急匆匆离去。

待参谋长离开，谢晋元安排卫兵在大门口等候部队，自己走上楼梯，到各个楼面巡查，考虑防务方案。他对四行仓库既熟悉又陌生，熟悉的是，他曾数次前来师部汇报战况、接受命令；陌生的是，之前每次前来，都非常匆忙，没空观察内部的情况。

四行仓库，实际上包括两座毗邻而建的仓库建筑（四行仓库和大陆银行仓库），是在 1932 年由金城、中南、大陆、盐业四家银行共同出资建设的仓库，用以堆放抵押品和货物。这座大楼建成仅数年，钢筋混凝土结构，全长 120 米，宽 15 米，六层楼高。谢晋元逐层进行了巡视，对师长挑选的这个“战斗堡垒”非常满意。这里的每面墙上都有数十个步枪发射口，便于射击从任何角度进攻的敌人，厚重的墙面又为守卫提供了足够的保护，免受炮火的攻击。

四周瞭望，南面紧临苏州河，隔河相望，便是公共租界。东南不远处是西藏路桥，由此可以与公共租界保持连通。北边，是他熟悉的刚刚战斗过的地方——闸北，只

四行仓库，右侧是西藏路桥

见那里火光处处，四处蔓延，浓烟遮蔽天日，已成一片人间地狱。熊熊大火中，北站大楼、北四川路、虬江路、宝山路，一个个建筑、一条条道路依稀可辨。远处的枪声此起彼伏，好像在告诉谢晋元，部队继续在战斗。

此时，忽然大楼外一阵声响，近百人列队前来，原来是第 1 连的两个排和营部人员，谢晋元的心里更加踏实了。他们报告：接到营长命令后马上赴火车北站与营长汇合，但因其他部队迟迟未到，怕团附等得着急，故先行至来四行至仓库报到。谢晋元听后点点头，战场中无须

小贴士

上海公共租界：近代中国出现的第一个租界，上海的两个租界之一（另一个是上海法租界）。由原英租界与美租界于1863年9月合并而成，由工部局管理，建立警察武装。1943年，美英等国分别与重庆政府签订条约，宣布将上海租界交还中国。实际上，直至抗日战争胜利以后，上海租界才真正由中国政府收回。

多言，立刻指挥分配任务，征集炊事器具及食料、木柴，布置防务。

又过了约半个小时，杨瑞符带着第2连来到四行仓库，立即加入一起征发炊爨器具，并派出一部分担任四行仓库外围的警戒任务。机枪连、第3连和第1连第3排尚未到达，随即加派传令兵赶快追寻。直至上午九时，未到部队才陆续抵达。责问之下得知，原来他们并没有接到新任务，故而按照原计划担任掩护后前往营部，由于找不到营长，便随本团第2、3营的队伍撤走。幸亏在路上遇到团部的人，告知本营奉命留守四行仓库，接着又碰到传令兵，才顺利地来到四行仓库。此时，全营人员到齐，谢晋元感到分外的兴奋！逢此危难之际，虽知是“敢死队”，官兵仍主动前来汇合，实乃国家民族之幸！

谢晋元与杨瑞符商议战情，根据四行仓库外围地形，决定分头设防，先派第 3 连第 2 排排长尹求成率两个班士兵到旱桥警戒，继派第 1 连占领右翼西藏路阵地，第 3 连占领左翼交通银行一侧阵地，第 2 连居中，担任四行仓库外围守备警戒，机关枪连中布置两挺在四行仓库楼顶担任防空，其余分别分配左右翼的重要位置，编成全营统一的火力网。接着，谢晋元命令继续征发一切应用物品，赶修防御工事。先用大厦内堆积如山的大豆、小麦和羊皮等大量沙包麻袋将仓库的门窗全部堵塞起来，打造坚固工事。仓库的东南角有一家小烟纸店的楼房，他们在仓库里挖了一个洞，与小烟纸店相通，并于店面的板门内外堆满沙包，只在楼上留一窗口没有堵塞。这个窗口对面就是西藏路桥北堍的租界碉堡，这是当时四行仓库的唯一出口。

工事尚未完成，前方哨探传回报告，敌兵已出现在火车北站以东地带。三刻钟后，再度传来报告，日军已占领北站大楼，楼顶升起了膏药旗。日军并未停下脚步，继续

四行守军在仓库周围练习隐蔽、射击演习

向南搜索的小部队与我警戒部队开始交火，受到我旱桥守军的全力抵抗。受到阻击的日军小分队在丢下几具尸体后，停下了脚步，狡猾地畏缩不前。作为全局指挥的谢晋元，在四行仓库楼顶平台瞭望前哨，观察敌情。10 时 20 分，他发现另一路日军派出的搜索小组已经迂回到我旱桥守军侧后，敌兵将随时可能三面包围我部，便下令尹求成排迅速撤回。

当时，在我大军撤退之后，有些走散的士兵躲藏在高楼内，宁死不退，不时放冷枪干掉几个敌人。因此，对于这次受到的阻击，日军并不在乎，以为仍不过是走散的几个士兵。自以为大获全胜的日军跟在太阳旗的后面，骄傲自满地向前行进，沿途四处纵火，烧毁民房。

中午时分，日军肃清四行仓库四周的零星抵抗，从三面逐步进逼四行仓库。这时，日军还不知道，我军已部署火力、配备兵员，在四行仓库“恭候”他们。当西面的敌人，气势汹汹地成队从交通银行出发，大摇大摆地沿光复路前进时，立即被我外围留守阵地的守兵迎头痛击，手榴弹、机枪、步枪齐发，敌人立马丢下几具尸体，逃窜而去，嚣张的锋芒顿挫。

日军举着太阳旗，试图冲进仓库

在苏州河北岸，光复路和满洲路（今晋元路）路口，有一座碉堡，是原来为对付租界建造的国防工事，工事的枪眼一面对着隔河相望的租界，另一面则对着四行仓库方向，我军无法利用，却可以被敌人利用。因此，杨营长命在工事内埋伏一束手榴弹和一颗迫击炮弹。果然，四五个鬼子在猛射一阵后，看见毫无声息就钻了进去。守备战士连忙将系着手榴弹拉环的绳索一拉，轰然一声，敌人连同碉堡一并开了花。东面的敌人推进到曲阜路西藏路口时，路口对面就是租界的英军，日军尚不愿与英军发生直接冲突，便停了下来，沿路口架设机枪，封锁我军的退路。

下午两点半，整队日军在战车掩护下，冲向四行仓库外围阵地，遭到我外围警戒部队火力迎头痛击，铺天盖地的子弹飞向敌人，街面上横七竖八躺着一大片日军的尸体。战斗渐渐变得复杂起来，吃了亏的日军改变策略，依托马路两侧的楼房节节推进。看到这里枪炮声不断，远处的日军也过来增援。日军火力对我外围街垒构成严重威胁。我军主动放弃外围阵地，安然撤回四行仓库。其中有一班战士早先主动要求潜伏在光复路满洲路一带的民房内，这时处于敌军背后，几番夹攻让日军颇为难堪。然而弹药耗尽后，全班战士均受伤被俘，被毫无人性的日军全部刺杀。

当外围警戒全部撤回后，第 3 连当即赶筑工事，将西南角大门关闭，通道用小麦、黄豆等物资堵死。这时，狡猾的日军已然尾随其后，向仓库楼门猛冲过来。杨营长亲自率第 3 连抵抗，并派人继续赶筑工事。敌人连续猛攻，迫击炮、轻重机枪不断向我军猛烈扫射轰击，打得窗户和墙面如蜂窝一般，水泥碎块四处乱射，我军用黄豆、小麦等临时垒起的掩体，被打得四散，扬起的灰尘飘荡四空。下午三点，在三楼窗口指挥作战的第 3 连连长石美豪被弹穿脸部，血流满面。他用毛巾包敷着左脸，仍然指挥战斗。不久，又被机枪子弹洞穿腿部。不得已，杨营长强令其离开阵地休息。

第 3 连的士兵并不退缩，他们趴在地下，用袖子一抹眼角的灰，手里的机枪随时准备向敌人扫去。敌人攻势凶猛，一小股日本兵小心翼翼地接近仓库，在瓦砾碎片间慢慢前行。实际上，隐蔽在仓库里的守军一直注视着，一旦敌人进入攻击范围，机关枪、步枪、手榴弹就会疯狂砸去，慌乱中敌人丢下几具尸体后匆忙逃回。

但是危险仍在，日军的攻击势头似乎更加凶猛。谢晋元在五楼指挥作战，居高临下，俯瞰全局，很快就发现了问题所在。敌军逐渐聚集在大楼西南墙角，紧贴墙面，向大门步步逼近，试图躲避我军的枪击扫射，而碍于角度，我军机枪火力对其无法构成威胁。谢晋元立即命人率兵搬来手榴弹和迫击炮弹，从楼顶向下投掷。两枚迫击炮弹，数枚手榴弹，这次又在西南墙根开了花，敌被炸死七名，伤二三十名，其余见状，马上四散逃去。

此举成功地阻止了敌人的进攻。得知我军防守严密，敌人不再轻进，只是远远采取包围的态势。这时，谢晋元才稍微松了口气，危机暂时解除，终于在四行仓库站住了脚。全营战士除必要警戒外，其余继续构筑工事。从昨夜至今天傍晚，全体官兵已有一天一夜没吃饭，因此命令各连设法给养。仓库内的黄豆、小麦被拿来煮熟，饱餐一顿。

餐饭之后，敌军开始在仓库四周纵火，只见火光蔽天，烟雾弥漫。沉寂的夜空中，敌人的枪炮声不停地扫射，子弹乱飞。谢晋元命令加强警戒，密切注视敌军一举一动。全体人员不准睡觉，各连士兵加固防御工事。晚上 8 时，一位外籍记者通过租界英军，送来一张纸条，问守军有多少人。谢晋元、杨瑞符为壮大声势、麻痹敌人，答复有八百人。由此，“八百壮士”名扬天下。

28 日早上七点，天刚刚亮，日军的飞机早已一队一队地盘旋在四行仓库的上空，侦察威胁，企图投弹。四行仓库靠近租界，距离仓库不到百米，租界边有两个巨大的煤气罐，储存着数十万立方米的煤气，万一中弹，其毁灭程度难以想象，必定会引起租界的强烈抗议，因此日军也不敢冒险，在高空中绝不敢轰炸。又因谢晋元早已安排在大厦楼顶构筑高射机关枪阵地，敌机稍有低飞，"哒哒哒"子弹立即射去，所以敌机又不敢低空俯冲投弹，故而不能对守军造成威胁。

这时敌人已经彻底占领仓库周边的建筑，在交通银行四楼平顶及沿河一带架设迫击炮和重机枪向四行仓库疯狂轰击。一时间，炮弹声轰轰不断，两发迫击炮弹在六楼楼顶爆炸。谢晋元丝毫不惧，立即从楼顶平台俯视，命令机枪手居高临下，压制敌人火力，并监视敌军动态。谢晋元看见苏州河北有几个敌人走来走去，搬运子弹，旁若无人，随手从瞭望哨士兵的手中拿起一支枪，向其中一个狙击。"叭"的一响，刹那间一个日本兵应声倒地，其余敌人丢下枪支惊慌而逃。杨瑞符在旁边一看，兴奋地说："谢团附的射击技能果然不错，真不愧为一等射手。"看到敌人遗弃的几支步枪，杨瑞符对楼顶的步哨交代一特别守则：要仔细观察敌情，不准敌人将那几支步枪拿去，敌人一来拿枪，就以冷枪杀之。

下午三时，天空蒙蒙暗，飘起了绵绵秋雨，慢慢浇灭了四周的火焰。此时，日军在四行仓库的西北面，隐蔽地搬运来四五门平射炮，准备向我们进攻。谢、杨发觉后，立即令机关枪向敌射击阻止。这边枪声一响，西边敌军在交通银行屋顶的机枪也马上还击，一时枪弹横飞，开始了第二次血战。相较于昨日的攻打楼门，今日敌人的火炮更为猛烈，烟焰蔽目。谢、杨命令各连一律停止工作，全部参加战斗，两人分头指挥。谢晋元担任大厦东面的指挥，杨瑞符担任西面第 3 连阵地指挥作战。敌平射炮面对厚重的仓库墙体和防御掩体，无可奈何，根本无法炸穿，未能显示威力。我军以重机枪压制敌炮火，与敌相持。战斗持续了两个多小时，敌军弹药消耗无数，屡攻不下，天色渐晚，于是狼狈退去。四行仓库周边马路上，敌人的尸体横七竖八地遍地皆是。

再次成功打退敌军，除安排必要警戒外，各连开伙吃饭。晚上八时，召集各连士兵讲话。因为谢晋元率领该营作战才两三天，加上部队几次大换血，大部分士兵还不认识。集合后，首先由杨瑞符向大家介绍："这位就是本团团附谢晋元"，并发口令向谢晋元团附敬礼。接着，谢晋元训话："本团附奉上级命，率领本营官兵掩护大军撤退，死守上海最后阵地。四行仓库就是我们的坟墓。作为中国军人，只有不怕流血牺牲，才能保护我们的父母妻儿不当亡国奴。我谢晋元誓与大家共存亡，誓与阵地共存亡！"谢晋元的训话，让所有官兵了解到这次任务的光荣和艰巨。听到这里，各连士兵情绪高涨，热血沸腾，个个摩拳擦掌，表示要以身许国，报效国家，用自己的献血和生命铸就民族的希望。杨瑞符接着说："本营此次留言闸北，限于时间，未得预先明白告诉大家。现在各位都明白了，望各位爱国的男儿都抱定必死的决心，和谢团附，和本营长死在一块儿吧！"

随后，谢晋元命令所有官兵晚上仍不准睡觉，小心警戒、赶筑工事，他还布置了一个奇特的任务——同写遗书。这个晚上，能够识文断字的战士笔不停辍，为自己和不识字的战友写下一封又一封简短的家书，饱含着对亲人的思念和牵挂，记录下自己所肩负的光荣职责和必死决心。战士们无怨无悔、视死如归，写下遗书的同时，已然彻底放下一切，抱着决死的精神为民族而战，为国家而战。

夜色渐深，敌军枪声渐稀，一切似乎平静下来。时已深秋，寒冷的夜笼罩着大地，夜空中星光闪烁，苏州河平静地流淌着。谢晋元回想这两天的战斗，这次奉命坚守四行仓库，"不成功，便成仁"，是实现当年誓言的时候了。山河破碎，我辈军人唯有以死相报，宁愿留名史册，绝不退缩。

第四章　八百壮士　声震寰宇

不过，这一夜并不平静。

枪炮声寂静后不久，仓库的东南角，与租界相邻的那个洞口里，送来了大量的食品和报纸。原来，当四行仓库的枪声响起时，立刻吸引了上海民众的注意，上海新闻界马上作出反应。27日中午，苏州河南岸开始聚集中外人士和各报记者，观察战斗进程。当目睹四行守军宁死不撤、成功击毙大量日军的壮烈情形后，不禁感慨流泪。租界巡捕多次劝阻，众人皆不散去。傍晚，各报便已以“增刊”“号外”的形式，报道孤军死守四行仓库等消息。28日，《大公报》《申报》、英文《字林西报》《北华捷报》、法文《时代青年》、俄文《真理报》等都在头版刊登“闸北孤军八百壮士”的消息，实时跟踪报道“四行仓库保卫战”的战况。一篇篇真实、生动的报道，轰动了上海，轰动了整个战区，消息迅速传遍全国各地，成为全世界瞩目的轰动新闻。“孤军”吸引了全世界的目光。

苏州河对面的中国民众正在观察日本人的进攻

从早到晚,越来越多的市民伫立在苏州河南岸的马路、空地,向孤军呼喊致敬。附近的高楼房屋上,挤满了观战的人,千方百计地隔河助战。每当枪声响起,日军被我军打得狼狈逃窜之时,就大声欢呼,拍手称赞;每逢日军隐蔽行进,试图攻击之时,就呼喊不已,还以拼接黑板画图写字等方式提示敌人的行踪,让守军有所防备;看到我军战士舍身杀敌,抱着炸弹跳下窗户,冲向敌人铁甲车,同归于尽,一个个热泪盈眶,激动万分。

中外各界人士纷纷前往西藏路一带探视情形,每日均熙熙攘攘、络绎不绝。只是苏州河北的敌军不时放射枪弹，流弹四飞，危险之极。租界守军因此将西藏路桥封锁，在北西藏路与新闸路交叉处，布置大量的铁丝网，阻止通行。即使如此，前来驻足观战的市民仍然密密麻麻，这里始终聚集着无数的人群。大家无一不希望能亲眼看见八百忠勇壮士之雄姿，看到日军悲惨逃窜的景象。

四行仓库的战斗，掀起了上海民众抗战热情的高潮。当谢晋元为持久作战，呼吁接济糖、盐各五百磅，光饼五万枚时，各界人士闻风而动，男女老幼争先恐后，捐赠饼干、面包、罐头、糖果、食盐、酱油等食物，捐赠的物品堆积如山。上海各界团体、公司企业职工、广大市民，乃至生活困难的苦力、黄包车夫都纷纷捐款捐物。甚至难民收容所里的好多难民，也主动要求绝食一天，将节约下的钱款捐给四行孤军。在上海各界团体和市民的呼吁下，上海市政府和上海各界抗敌后援会出面，与租界工部局和万国商团的负责人商议，约定在晚间戒严后，由商团派人将物资设法送入仓库。就这样，28日晚上，满载食品、药品、慰问信、报纸等十几个麻袋的卡车被送到了西藏路桥北堍，由童子军几位团员匍匐前进，用麻绳将物资拖入仓库。孤军的英勇行为同样感动了在沪的各国外侨，许多人用汽车装载大量面包食品，直接送到苏州河边，交守桥的英军代送给四行孤军。成堆的食品送入四行仓库后，被平均分配给每个班的士兵。看到上海市民送来这样多的美食，每个士兵都是难以言表的兴奋。得到民众的大力支援，八百壮士再不必为饮食担忧，可安心杀敌。

随食品送来的，还有大量的报纸和无数各界团体、市民的慰问信。报纸上一篇篇报道，醒目的标题——“闸北孤军仍死守四行仓库”“我孤军誓守闸北一块土”，充满着激情和热血。黄埔军校党代表廖仲恺夫人、女界领袖何香凝曾亲自到苏州河南岸，看望八百壮士，她在给谢晋元

小贴士

童子军：童子军是一个国际性的少年组织，最早于1907年在英国建立。目的在于培养公民道德、勇敢精神及各种野外生活的技能。1912年，我国开始创办童子军。此后，国内各地学校相继成立童子军组织，开展儿童、青年的训练与社会服务。抗日战争中，童子军从事了大量的战地运输、救护伤兵、修筑工事、收容难民等工作，甚至直接参加战斗，为抗日真正做出了一定的贡献。

和八百勇士的信中写道："你们每一个人，都已充满了孙总理和廖党代表的革命精神、牺牲精神，不论是成功或成仁，都可以俯仰无愧了。殉国的将士，将因为你们而愈伟大；前线的将士，将因为你们而愈英勇；全国的同胞，将因为你们而愈加团结；国际人士，也将因为你们而愈能主张正义了。"上海市总工会代表八十万工友向谢晋元和八百壮士致敬：孤军坚守四行仓库的英勇行为，正气磅礴，实足以惊天地而泣鬼神，尤堪黯日月而争光辉。

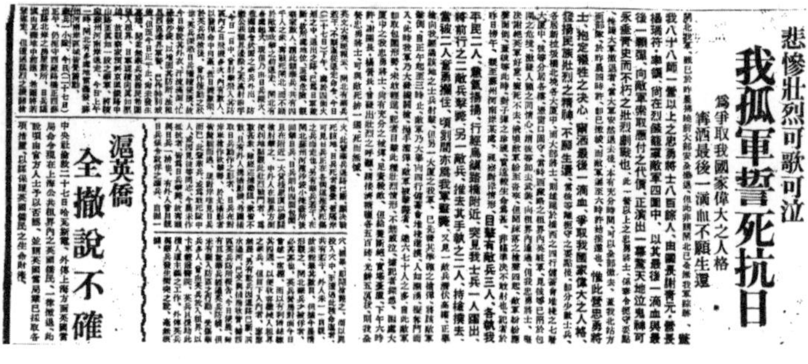
悲慘壯烈可歌可泣
我孤軍誓死抗日
為爭取我國家偉大之人格
灑最後一滴血不顧生還

滬英僑
全撤說不確

《申报》关于孤军的报道之一

看到这番场景，谢晋元与官兵们都感慨流涕，深受鼓舞。全上海、全中国、全世界都在时刻关注着四行仓库的战斗，社会各界的敬爱与支援，革命前辈的鼓励和嘱咐，无不让八百壮士心潮澎湃，为中华民族争光荣，为国家主权而奋斗，为人道而战，为文明而战，为和平而战！谢晋元代表八百壮士致函全体市民，感谢上海人民的声援，表示："军人以服从为天职，卫国保土，职责所在。洒最后一滴血，必与倭寇索取相当代价；余一枪一弹，亦必与敌周旋到底。"

这一夜，还发生了一段"41 号女童子军冒死献旗"的传奇故事。她的名字叫杨惠敏，八一三淞沪战役爆发后参加上海市童子军战地服务团，在第 1 团从事难民收容所及伤兵医院工作。当她听说八百壮士死守四行仓库的消息后，越听越兴奋，心里想："我要帮助我们英勇的守军"。她冒着生命危险，来到四行仓库向守军喊话，要求进入仓库，参加战斗。当被拒绝并要求她迅速返回后，她不甘心，继续喊话，并询问守军需要什么。谢晋元叫人答复只要一面国旗。

28 日深夜，杨惠敏脱下童子军制服，将国旗紧紧地缠在身上，再外罩童子军制服。趁拂晓前，不顾个人安危从东边溜过马路，穿过重重铁丝网，从缺口处爬进四行仓库。谢晋元与杨瑞符早知道她要来献旗，都在等候。当杨惠敏脱下外衣，把浸透汗水的国旗呈献在守军面前时，朦胧的灯光下，所有的官兵都流下激动的泪。谢晋元一把紧拥着瘦弱的女童子军，激动地说："勇敢的孩子，你给我们送来的不仅仅是一面国旗，而是我中华民族誓死不屈的坚毅精神。”

国旗在四行仓库楼顶飘扬，我军民抗战热情万分高涨。而日军则愈加恼羞成怒，自朝迄暮，不断地疯狂发动进攻，用机枪向国旗和守军猛烈射击，各个楼层的窗户几乎全被击碎。守军虽见日军此状，却重视节约械弹，见不到敌军的踪迹，绝不给予还击。四行仓库是钢筋作骨、水泥作肉的强大坚固堡垒，防御工事已完备，敌军自然难以冲入。守军谨遵谢晋元的指示：在未完全达到任务前，决不轻易牺牲；待任务完成之后，决作壮烈牺牲。他们依托四行仓库的坚固防御，愈战愈勇。日军在附近架设三寸口径的火炮，意欲炮轰，却只见四周房屋悉数化为灰烬，而四行仓库屹立不动。仓库内的守军几无伤亡，一定要让日军付出惨重的代价。

这一天中，日军向仓库发动四五次猛烈进攻，均被我军击退。在上午的战斗中，日军两次派十余人，持枪荷弹，沿着交通银行大楼的墙面偷偷进犯，隐伏在敌工事内，频频零散地向我射击。我军瞭望虽早已发觉，却佯作不知，悄悄派士兵在临河一侧的窗户侦察静观敌军动静。上午 11 时，敌兵突然从匍匐的工事中跃出，试图乘机偷袭。不料我临窗的士兵早已发现，等敌一动，进入射程，立即居高临下，纷纷以手榴弹向敌人猛烈掷去。

敌人方才知道我军早有准备，见势不好，慌忙向西亡命逃窜。可当中早有数人中弹，当场毙命。逃回后的士兵累得满身臭汗，脱下军服，以巾拭汗。这场表演引得仓库守军和苏州河隔岸民众哄然大笑。恼怒的日军躲藏在工事里甚至以步枪向南岸民众射击，发泄羞愤，幸而民众没有被击中。

偷袭不成，日军又生一计，下午时分，日海军陆战队驾着两艘汽艇，每艘上载百余人，艇上架着轻机关枪，尾悬太阳旗，敌兵手持步枪或手榴弹，自黄浦江驶入苏州河，向四行仓库进发，意图从南面突击。天空中两架日机盘旋，为之掩护。然而船方开过外白渡桥，苏州河沿途的中国船民便不顾生命危险，四面八方开来，将河道堵塞，阻滞敌人前进。也有民众立刻将此消息告知仓库守军，谢晋元和杨瑞符商量后，立即与租界英守军交涉，如果日军汽船驶到西藏路桥，我军将立即开火。租界守军见事态严重，怕战火殃及租界，马上派兵堵截日军。英美法外交人员、万国商团、租界工部局高级官员也出面劝阻日军。日军这时尚未做好与英、美等大国开战的打算，见租界态度强硬，无奈之下，被迫离开。

水陆两路夹攻的计谋失败，日军只能继续从地面发动强攻。下午 3 时 45 分，日军自上海银行堆栈再次来犯。有60余人，在数辆坦克车的掩护下，缓缓前进。我军沉着冷静，毫无畏惧，直至坦克车进入攻击的距离内，一声令下，突然以手榴弹数十枚集中猛轰，如雨点般掷下去，步枪、机关枪一同扫射。来犯的敌军，大半中弹倒地，余下敌人狼狈逃遁。过了许久，日军都不敢前来拉回尸体，只能让几只高大的警犬趋步口衔，妄想将尸体拖回。我军再次以步枪射击，一只恶犬中弹而死，其余惶惶逃回。

傍晚时分，天色昏昏，日军又生一计，企图利用夜色接近我阵地，破坏堡垒。谢晋元与杨瑞符紧急磋商应对办法，利用信号弹、竹竿捆绑的大号手电灯、燃烧浸煤油的粗灯芯等各种照明手段，严密防范，待日军接近，立即投掷手榴弹。日军整夜枪炮声，诡计也无一得逞。

在坚守仓库的第三天，谢晋元致信孙元良师长，汇报战果，并表决心："在未完全达成任务之前，决不轻率怠忽。成功成仁，计之熟矣。"他表示"现职决心待任务完成，作壮烈牺牲！"这一点得到了最高统帅部和师长的高度赞誉：此次杀敌致果，实开震天动地之历史伟绩。我黄帝亿兆子孙，全世界千百万后世人，必以血诚读此史页。诸同志孤守闸北已三日夜矣，敌之畏葸与我之勇敢已为举世所共见。沪上中外人士交口钦佩，民众奔走援助；咸负如可赎也，人百其身之愿。此诚中华民族之光荣。蒋介石在日记里写道："我军留守闸北之谢晋元团，孤军奋斗，中外人士均极感动，且表示崇高之敬意；与敌军野蛮残忍、受世人之唾弃两相比较，不啻天壤之别。"

等到了30日，敌人已围攻三昼夜，不但未得到丝毫进展，反而屡遭挫折。于是变本加厉，从拂晓起，便联合步炮空军向我军进一步围攻，炮火比之前几日更为猛烈，又在交通银行堆栈楼顶向我军射击。

然而，八百壮士也已完成了巩固的防御工事，在下面的三层楼中，沿着外墙从上到下均堆砌了三米厚麻包；各主要门口，也有同样的沙包防御。日军最倚重的平射炮和机关枪完全失效。第四层楼面由于低于日军占领的交通银行，为防止日军瞰射，不但没有做工事，而且没有一个人在里面。第五层楼高于交通银行，可以俯射日军，但这里墙壁坚厚，又无窗户，本来以守军当时的器具，是难以利用的。不料，这天日军利用平射炮乱轰之际，竟然将钢骨水泥的墙壁轰穿了几个炮眼。这真使守军"感谢"极了，马上将洞口为我所用，在此架设机关枪，居高临下，猛烈扫射交通银行楼顶的日军，枪弹正中日军要害，打得他们仓皇逃窜。日军只得藏匿在沙袋后，不敢露面，漫无目标地四射。

在四天的激战中，日军多番变更战略，水陆空各种进攻手段，地面各个方向，偷袭、猛攻，均在我军的坚强防守下被一一破解。谢晋元率领400多名中国军人，以弹丸之地，击退日军数十次进攻，毙敌200余人，自身仅阵亡九人，伤20余人。

夜幕降临，五楼的工事已告完成，整体防御更加坚不可摧。让人惊讶的是，这晚日军的攻击异常猛烈，几挺轻重机关枪朝着西藏路桥疯狂射击，像在封锁路口；西藏路与曲阜路路口的探照灯扫来扫去，将桥堍一带照耀得如同白昼。接近深夜，日军的平射炮、重迫击炮也开始向四行仓库猛烈轰击，密集程度几乎每秒钟发炮一响。

轰轰的炮声，震破长夜的沉寂。可是，日军这种异样，究竟是有什么阴谋呢？

第五章　奉命撤离　孤留租界

谜底很快揭晓。深夜，谢晋元宣布命令：退出四行仓库。而发布这一命令的，是最高统帅部。

尽管谢晋元与八百壮士誓死保卫闸北的最后一块领土，皆抱定杀身成仁、舍生取义之念，立誓要与四行仓库共存亡，与日军血战到底！但他们的命运一直牵动着社会各界人士的心。上海许多中外民众出于珍爱英雄之心，纷纷致函上海市政府，要求下令撤退，以保全英勇将士的生命。上海市市长俞鸿钧每天接到大批信件和电话，希望采取措施。有一妇女在电话中为此失声痛哭，不愿勇士们全部壮烈牺牲于仓库内。上海中华妇女运动同盟会专门致电宋美龄，要求转请蒋介石迅速下令撤退，保全将士生命，为长期抗战之用。

八百壮士的英雄行为也感动了无数租界内外的外国人，特别是一直目睹战斗的租界英守军，他们中很多都是参加过欧洲第一次世界大战的军人，均认为此英勇卫国的牺牲精神在欧战中也极为罕见。因此，他们几乎每天都派人与谢晋元联系，劝告守军退入租界。然而，谢晋元均婉言拒绝，全体将士无一肯接受逃避的请求。对此，英军更是感动赞叹。

这时，淞沪抗战已进入尾声，日军的攻势越来越猛，中国军队集结苏州河南岸后，仍无法阻遏日军的凌厉攻势。中国军队已无后方兵力增援，部队伤亡过半，疲惫不堪。尽管前线将士奋力拼杀，但面对日军的空中和炮火绝对优势，前线部队不得不陆续后撤。对于“四行仓库”这颗眼中钉，日军更是急于拔除。面对一次次失败，恼怒的日军扬言将采取一切极端手段，使用重炮攻击，甚至军队冲入租界。租界的安全受到严重威胁，租界英军和美军司令官、各国驻沪总领事、工部局总办纷纷向我国统帅部、外交部等部门呼吁、照会，要求“从人道主义立场出发，爱惜将士性命”，下令撤出战斗，退入租界。

同时，中国的抗战刚刚开始，亟须美、英等国的支援，国民党政府不得不考虑各国的请求。此外，为防备日军狗急跳墙，狂轰滥炸导致隔河的煤气罐爆炸，危及数万民众生命安全。因此，我军最高统帅部认为既已达到预定目的，应各方请求命令孤军撤离。

四行仓库东、北、西三面为日军包围，南面是苏州河，唯一可以撤离的路线只有通过西藏路桥，越过苏州河，通过租界，到沪西归队，而这里由租界的英军负责警戒守卫。当时，在冯圣法副师长、张柏亭参谋长的联络下，由上海市代市长兼外交特派员俞鸿钧、警备司令杨虎出面，与英军司令史摩莱少将达成协议，由英军掩护并提供交通工具，协助四行仓库守军撤离。

然而，当谢晋元忽然接到张柏亭的电话，命令准备撤离时，极感惊诧，非常激动地说："我们全体壮士早已立下遗嘱，发誓与四行仓库最后阵地共存亡，但求死得其所！请参谋长报告市长，转请委员长成全！"张参谋长与冯副师长轮番开导，但是谢晋元态度十分坚决，声泪俱下地希望继续与敌人血战到底。最后，张柏亭参谋长以坚定的语气下达命令："八百壮士成仁取义的决心，我辈世人十分钦佩。但撤离是最高统帅的命令，我是命令的传达者。军人应以服从为天职，打日本鬼子的机会非此一时，今后可能还有比坚守四行仓库更重要的使命，待你们去担当！如果你们违抗命令，那你们的勇敢与牺牲，就成为匹夫之勇而无意义了！"

是的，军人以服从命令为天职，这是大局。谢晋元冷静下来，攻杀敌人不限一时一地，因此忍痛接受命令。张柏亭又将与英军达成的协议事项转告：今晚午夜后开始行动，由英军压制鬼子的探照灯与机关枪，待击毁探照灯后迅速冲过北西藏路，由西藏路桥进入租界，由汽车运至沪西归队。

为了稳定军心，将近午夜，谢晋元方才发布撤退命令：在仓库内尚有轻重机枪弹药十数万发，手榴弹、迫击炮弹四百余颗，需要全部带走。因此，谢晋元命令各连官兵一律全副武装，携带所有的武器弹药和工作器具，为减少牺牲，也要准备可以防护的东西。待各连准备完备后，撤退具体部署为：由第 1 连派兵一排，配以重机枪一挺，由排长杨得余率领，掩护部队撤退；伤兵先行暗自退出，接着谢晋元率领机关枪连及第 1 连的其余两排撤退，其先行撤离主要是要向英租界交涉撤退的善后事宜。之后，第 2 连、第 3 连依次撤退。

时近深夜 12 时，我军开始遵照计划向公共租界撤退。日军似乎事先已经探知并明了我军的撤退企图，在必经的西藏路安装了两架探照灯，架设四挺机关枪，将桥堍一带照耀得如白昼，以各种火力集中压迫，弹如雨下。由于原本防守碉堡的英军早已撤走，商定由英军火力压制日军机枪的协议无法兑现。我军利用敌人炮火间隙时间，奋勇冲出，但伤亡不断。谢晋元立即指挥动用轻重武器，交叉扫射，把探照灯打灭，并火力压制敌人。趁此时

八百壮士为撤离仓库而在毗邻商店墙上挖的洞口

机，我军官兵迅速分批通过西藏路桥，以最快的速度跑入租界地境。在撤退过程中，日军的凶恶炮火对我军造成不少伤亡。杨瑞符营长在冲到路口时，即不幸被敌人机枪射中，左腿被敌弹洞穿。从四行仓库撤离出的人员，共有 403 人，其中受伤者 26 人，重伤数人。杨营长与部分受伤官兵，被送至同仁医院和公共租界巡捕医院进行治疗。

在我军退出后，日军竟不知悉，仍然以猛烈的炮火持续攻击。直至半个小时后，见仓库内毫无动静，才派出几个士兵匍匐蛇行，沿苏州河北岸摸索前进。等抵达四行仓库门口时，才发觉我军已完成撤离，方才敢派部队占领。可见，八百壮士的英勇给日军留下了多么深刻的印象！

从苏州河南岸回望，仓库西侧的墙壁上弹痕累累，许多地方被炮弹洞穿，楼顶亦被炸毁数处，可见敌炮轰击之猛烈。四行堆栈周围的瓦砾堆上，到处可见中弹毙命的日军尸体。因连日来迭次受到重创，日军愤而纵火焚烧四行仓库大楼，大火熊熊，一直烧到当日下午。

当八百壮士全部撤入租界后，谢晋元立即向租界方面协商，希望按照原计划，部队至沪西归队。代表租界出面的是万国商团马飞少校，他在向谢晋元表达敬意和问候后，委婉地要求收缴武器，才能进入租界。这对谢晋元来说，不啻一声惊雷，全体孤军情绪激昂，声言：武器是军人的第二生命，绝对不能离手。他们宁愿重返四行仓库，继续固守到底。尽管马飞解释道，这是租界的规定，进入租界时武器由其代为保管，点明数量出具收据，绝非收缴，离开租界时再交还。但是谢晋元始终坚持不能交出武器，双方陷入了僵持。面对几百名手持武器、历经血战的士兵，几十名英军也不敢轻举妄动，双方就这样对峙着。

小贴士

万国商团：又称上海义勇队，是上海租界建立的准军事组织。1853年，英、美驻沪领事为防御太平军进攻上海，召集租界侨民会议决定成立。1870年由租界工部局接管，成为工部局常设机构。经过历年扩编，下设有日本队、美国队、中华队、俄国队、野炮队、工程队、铁甲车队、步兵队等，其中三个俄国队（白俄队）是雇佣的常备队。20世纪30年代编制约1500人。

此时，负责联络的张柏亭参谋长正在漕河泾法租界边界附近，焦急地等候孤军。等了许久，不见孤军前来，心知可能遇到了麻烦。他驱车赶到西藏路桥，方才看到双方对峙的紧张情形，竭力劝阻谢晋元忍耐，只能暂先按照租界的要求执行，一切等以后再协商解决。张柏亭参谋长是代表师部负责全权处理此事，军人以服从命令为天职，无奈之下，谢晋元只能命令部队交出武器。而这一奉命做出的决定，让孤军失去了主宰自身命运的可能。

随后，张柏亭去找杨虎与俞鸿钧，由其出面与英军交涉，指责他们背信弃义。从英军司令史摩莱的口中，方才得知，日军向工部局提出严重抗议，威胁租界当局，如果准许孤军通过，日军将开进租界，追击孤军。这样，租界当局不得不苟且应付。而我方也只得向政府报告，由外交途径交涉解决。此后，国民党政府多次严重抗议，但租界当局慑于日方蛮横，不敢释放孤军归队；而另一方面，工部局也多次拒绝了日方引渡孤军的要求。就在这种尴尬的局面下，八百壮士成了名副其实的“孤军”。

就在上层交涉的时候，谢晋元遵照命令要求战士逐一交出武器，清点计数，共有步枪 260 余支、轻机枪 27 挺、重机枪 8 挺(含高射机枪 2 挺)、驳壳枪 20 支、手枪 10 支、子弹 12 万发、手榴弹 800 枚、迫击炮弹 400 发。这些弹药，足够坚守仓库数周。当奉命交出手中武器时，战士们都伤心地流下了眼泪。

在被迫交出武器后，谢晋元在英国人的陪同下，到附近的办公室稍事休息。经历四天四夜战斗的谢晋元，面容憔悴，满眼血丝，悲愤之情溢于言表，但是精神非常好。应马飞之邀谢晋元讲述了这几天的战斗，谈到撤退时潸然泪下，泣不成声。众人默然相对。

刚刚撤入租界的孤军

早晨八时，在马飞的安排下，谢晋元乘坐小轿车前往市中心的跑马厅。同时，几百名战士在各连长的指挥下，亦乘坐租界的公共汽车来到跑马厅。战士们在一楼等候，谢晋元在二楼休息。

上午十时，马飞少校告诉谢晋元，说营房已经准备好了，请到营房去休息，但他没有说出营房的地点。此时武器已经交出，在得到上级的指示前，谢晋元只能同意租界当局的安排。当谢晋元乘坐轿车出门时，才发现门前门后、街上墙上，甚至屋顶上都站满了人群。尚在我军刚撤入租界不久，关注八百壮士的民众就已发现了。官兵们的一举一动都吸引着世人的目光，越来越多的人互相转告。当我军进入跑马厅后，消息在市民中传开，无数的市民迅速从四面八方涌来，很快便把跑马厅附近的南京路口围得水泄不通。当看到谢将军乘坐小车出来，都挥动着手中的小国旗，热烈地鼓掌，高声欢呼："抗战英雄万岁！""打倒日本帝国主义！"看到上海民众如此大的热情，如同欢迎凯旋的英雄，谢晋元不由得热泪盈眶，频频向人群举手行礼。

上海市民夹道欢迎八百壮士

所谓的“营房”位于沪西胶州路西侧、新加坡路(今余姚路)南侧的转角地带,向南毗邻胶州公园,地广约十余亩。这里原是万国商团苏格兰队的营房,淞沪抗战期间曾临时用作收容难民。时过境迁,因无人居住,已变得荒芜,垃圾遍地,杂草丛生,地面上坑坑洼洼,遍地积水。在这荒芜潮湿的空地中间,搭着几个大小芦席篷,大篷在四周,小篷位于中间,这就是马飞口中的“营房”。“营房”四周架设着一人高的铁丝电网,在余姚路大门口设一小门以便出入,由万国商团白俄士兵担任岗哨。此外,营地东西两侧各有一个八九米高的瞭望哨遥遥相应,还有几个固定哨和游动哨,名为保护,实为监视。谢晋元和八百壮士只能在铁丝网内活动,不得跨出大门一步,这地方虽被称为“孤军营”,但实际上更像一所监狱。每天上午九时有人进营点名一次,除两名清洁工外任何人不得出入。

八百壮士,在最初进入四行仓库时实有人数约 420 人,在四天的战斗中伤亡数十人,部分受重伤的在退入租界时被直接送入医院治疗。11 月 1 日进入孤军营时实有 355 人。

由于战斗期间日夜操劳,以及安顿事宜异常忙碌,刚住进孤军营不久,谢晋元就得了严重的胃病,反复胃部出血,几次昏厥倒地。医官诊断后,并经工部局同意,入法租界宏恩医院(今延安西路华东医院)治疗。

就在这期间,战局急剧恶化,不仅上海全部沦陷,而且战前经营多年的国防阵线吴福线、锡澄线不堪一击,嘉兴、湖州、宁国、无锡、常州、江阴、镇江相继失陷。到12月初,日军对南京三面合围,一周后南京失陷。日军连续六周进行惨无人道的烧杀淫掠,制造了惨绝人寰、震惊世界的血腥大屠杀,残酷杀戮中国军民30万人,犯下了灭绝人性的滔天罪行。随着日军侵略的进展,公共租界和法租界处于日军四面包围,成为“孤岛”。日本侵略者的气焰疯狂高涨,自认为是上海的“主人”,狂妄至极,经常侵入租界。

战况的恶化,使得身陷孤军营的八百壮士处境日益艰难。治疗期间的谢晋元时刻为官兵的去向担忧,他鼓励在外面就医的战友,趁租界当局和日本方面监视的空隙,待身体稍有恢复后,分头行动,尽快离开上海重返前线。根据谢晋元的意见,杨瑞符营长和六七名孤军伤情略有好转,就迅速离开上海,通过游击区,返回内地,参加抗战。1940年初,杨瑞符因枪伤复发,经抢救无效,病故于医院,终年37岁。

但大多数伤员因住在租界当局直接控制的巡捕医院,无法逃离,康复后即被送回孤军营。谢晋元身体略好转后，立即返回孤军营，为能够重返前线，与租界当局进行不懈的交涉和抗争，竭力争取自由。他始终坚持租界主权属于中国，多番致信租界工部局董事会及其总董、总办等，从法理和道德方面与租界当局争辩，要求其履行诺言，恢复孤军自由。日军虎视眈眈，代表英美帝国主义的租界当局始终以拖延为策略，背信弃义，拒不履行承诺。

小贴士

上海公共租界工部局：设置于上海公共租界内的最高行政机构。1854 年，英、法、美等列强趁上海混乱之机，自行组织设立行政机构——工部局。工部局的决策机构是由租界纳税外人会选举的董事会。工部局拥有市政建设、治安管理、征收赋税等权力，实际成为租界内变相政府，严重侵犯了中国主权。1943 年日本占领租界期间，租界被取消，工部局随之告终。

此路不通，谢晋元又想到公共租界有个临时法院，代表中国政府在租界行使审判权，是国人付出血的代价后争取的权利，希望能通过法律途径讨回公道。为此，谢晋元先后接触了多名中国律师，最后聘请上海滩大名鼎鼎的江一平大律师代表孤军向法院提出诉讼。然而，在公共租界内，中国人状告工部局却是亘古未有的。因此，工部局运用各种手段施加压力，使得江一平只能婉言推辞，表示此案情况特殊，过于棘手，不能代理。

由于孤军与外界的接触受到限制，谢晋元的努力不为外人所知，社会上反而开始流传各种谣言。为了澄清真相，揭露租界背信弃义的无理行为，谢晋元在《新闻报》《申报》上发表公开信，向世人详细介绍坚守四行仓库、浴血奋战的日日夜夜，一再重申八百壮士是为了神圣抗战、复兴中华民族、维护世界和平，随时准备奔赴前线，继续与日军血战到底。他从国际法和事实角度，为恢复孤军自由大声疾呼，言语激愤，据理力争，逐一驳斥租界当局无理扣押孤军的言行，将帝国主义和租界当局屈于强权、毫无公理的丑恶嘴脸充分暴露。然而，这些斗争与呼吁，没有强大的国家作为后盾，显得多么无力和苍白！

也有一些人建议谢晋元私下潜逃，他毫不犹豫地拒绝。在孤军营内部，内心愤懑的极少数士兵却付诸实施，趁夜悄悄越过铁丝网，逃离孤军营。面对这一切，谢晋元心有苦衷：我们是国家培养的军队，军人以服从命令为天职。不要说一道铁丝网，就是万国商团的上千兵丁，也挡不住中国军人！但是，我等光明而来，亦当光明而去。本团撤入租界，是中国政府与租界当局达成的协议。何况，抗日战争正值困难阶段，英美等国的援助对于中国持久抗战非常关键，中国政府有求于他们，自不愿得罪代表英美等国利益的租界当局。如果八百壮士在租界使用暴力，必然将使中国政府与英美等国发生冲突，小不忍则乱大谋，损害国家利益，罪莫大焉。所有有损国家民族之荣誉、军人之人格的行为，决不容忍，生死事小，人格事大！孤军营的去留，并不仅仅是八百壮士的命运，更牵涉到国家与英美等西方大国之间的政治博弈。现在，唯有暂时继续留在孤军营，与上海民众共同坚持斗争，才有利于抗战大业。谢晋元深知，留在租界，前途渺茫，但是为国效忠，无所畏惧！

就这样，八百壮士成为一支被解除武装、囚禁租界的真正孤军！

第六章　忍辱负重　宣传救亡

自从八百壮士诞生的那一刻，已经铸成一个光荣的英雄集体。他们气壮山河、可歌可泣的壮举，勇于献身、宁死不屈的英勇精神，书写了中华民族史上光辉的一页，为全国军人树立了不朽的楷模。就在撤出四行仓库的当日，蒋介石发布嘉奖令，谢晋元团附与全体官兵一律晋升一级。总司令部以忠勇抗战，为国增光，特犒赏三千元，殉难者予以优恤，这是全面抗战以来第一次对一个团给予成建制的奖励。作为全国民众心目中的抗战模范，八百壮士赢得了无数的赞叹和崇敬。

如今，虽然成为一支囚禁于租界的孤军，交出了武器、失去了自由，但是军人的荣誉不能丢、民族的尊严不能丢。面对日军的威胁与压迫、租界的无理刁难和日益艰难的时局，孤军数百人如何有尊严地生存并继续为抗战做贡献，成为谢晋元考虑的头等大事。他毫不气馁，始终以革命军人的标准严格要求自己和部下，

谢晋元与4位连长（后排左起：邓英、雷雄、上官志标、唐棣）

率领全体官兵奋发图强，坚持抗战必胜信念，以待光明来临。

第一个问题，便是解决吃穿与居住。这时我军主力早已陆续自上海战场撤退，防线内移。临时退入租界的孤军无法及时获得补给，亟须粮食与药品。孤军虽是应租界当局之请过境而被留禁在胶州路，但租界当局却不负责他们的生活、伙食等开支。然而这并不令人担忧，因为孤军从来都不孤，他们的背后有百万上海市民。市民们热烈欢迎抗战英雄的到来，义不容辞地担当起孤军官兵给养供应的重任。早在欢迎的道路上，无数民众将糖果、饼干、罐头送到战士们的手中，又不断捐款捐物送到营内。市商会出面筹足资金，交给工部局，由其派人代办炊事，每天将做好的饭菜送入营内。工商界爱国人士、大生纱厂经理刘鸿生更是慨然承担了孤军三个月的伙食费和生活开支。后来，由于租界代办的伙食越来越差，一日三餐只有青菜、萝卜，很多战士营养匮乏，得了夜盲症、脚气病、肺结核，身体每况愈下。谢晋元多番与租界交涉，最终争取到自办食堂的权利，战士们的伙食才有了很大改观，慢慢恢复了健康。

其次，谢晋元开始重点整治荒芜杂乱的营房环境。他不禁回忆起在黄埔军校时住过的简易棚，那段经历让他学会了许多生活技能。而300多名战士中绝大部分都来自偏僻的农村，各种技能自然不在话下。铲去杂草，清除垃圾，移土填坑，将坑坑洼洼的积水塘变成平地。为了解决地势低洼、雨天积水的问题，谢晋元联系上海工商界人士，将各工厂运往郊区需要倒掉的煤渣运到这里，铺到场地上整平压实，使得营区地面高于四周。

谢晋元仿照黄埔时期沙河营，认真规划了整个营区的布置。孤军营的东北面是大门，由万国商团白俄兵把守。谢晋元派人用铁丝网设置二道门，由我方士兵日夜防守，这样内部事宜由自己管理。营地内，原有的芦席篷只是临时之用，并且住不下这数百人，不敷应用，有的战士只能露宿。时近初冬，连绵阴雨，湿冷交迫，宿营问题日益棘手。在上海民众的支持下，战士们弄来芦席和茅草，搭建起简易的草屋。接着，又陆续募捐得到建筑材料。谢晋元与工部局交涉，派来民工和工具，在战士们的帮助下，建起了一排排油毡平房，充当兵舍。住房内外用石灰粉刷一遍，彻底消毒。此后，又陆续盖起医务室、浴室、厨房、礼堂、厕所、操场等等，接通了自来水，安装上电灯。

孤军营营房

天气日渐寒冷，上海的战地服务团及时送来了棉被和毛毯，又发了呢制服和军大衣。这些都是由战地服务团募捐、民众慷慨解囊置办的。临近元旦，一批批慰问品送入营内，肥皂、牙刷、牙膏、毛巾、袜子、力士鞋等，可以说一应俱全。

在上海市民多方接济下，靠着战士们的双手，孤军营的面貌日新月异。住房、吃饭、穿衣，官兵们的生活一件件都有了着落。在短短的几十天内，谢晋元励精图治，将孤军营打理得井井有条。

在落实生活问题的同时，谢晋元一直强调军队的纪律。他深知，孤军是军队，孤军营是军营，代表的是几百万中国军人的形象。孤军失去的只是手中的武器和身上的自由，而军人的尊严和祖国的荣誉永远都不能丢！他勖勉部下："在上海租界上，我们的言行，必须使友邦从我们身上看出中国军人之气概，从此认识中国的真精神。"在谢晋元的治理下，孤军营严格安排作息：每日黎明即起，举行晨操；一日两餐，分别在上午九时与下午四时；上、下午操典讲堂，教授操典课；晚饭后是教练拳术、唱歌和游戏的时间；夜九时，准时熄灯就寝。军营按作息时间表严格吹号执行，由四个连轮流担任值星连。一切有条有理，紧张有序。

在操典研究讲堂上，谢晋元逐条讲述步兵操典内容，加强军事理论教育。现在孤军营内的官兵，绝大部分都来自地方保安队，包括许多班排长在内均未接受过系统的军事训练。虽然大家浴血奋战，获得了极大的荣誉，但是将来仍要上战场，抗日杀敌，提高军事理论和技能是必需的。他从最基础的徒手操讲起，详细教练基本动作，立正稍息、各种步伐前进以及队形变换等。没有武器，就用木枪、木棍替代，谢晋元从最基础的制式教练起，让战士们系统学习军事术科的内容。

每逢国内外发生重大事件，谢晋元将操典讲堂改为大讲堂集合讲话，向每个官兵说明抗战形势和国际现状，激励官兵的抗战情绪。当看到山东省政府主席、第5战区副司令长官、第3集团军上将总司令韩复榘以不战而逃的罪名被执行枪决，第61军军长李服膺等多名将领因失职被惩处时，谢晋元告诫大家，必须服从命令、遵守军纪，贪生怕死、消极抗战者必将受到军法从事。当获知台儿庄大捷的消息后，谢晋元在讲堂上讲述战役的详细经过和惨烈情况，日军是如何第一次被打得丢盔卸甲、溃不成军的。他重点指出，在全民族生死存亡的关头，只有人无分老幼，地无分南北，全体国人舍生取义、视死如归、同生共死，才能再次打出如此辉煌惨烈的民族保卫战，中国永远不会失去抗战的决心和能力。

小贴士

台儿庄大捷：抗日战争初期中国军队取得的一次重大胜利。1938年3月，日本侵略军为了争夺战略要地徐州，与中国军队在台儿庄地区展开争夺战。在历时半个多月的激战中，中国军队成功击退日军，取得了歼灭日军1万余人的重大战果。台儿庄战役沉重打击了日本侵略者的嚣张气焰，鼓舞了全国军民坚持抗战的必胜信心。

在谢晋元的带领下，通过操作讲堂和操练，孤军的军事技能不断提高，纪律得到保障，士气得到鼓舞。最重要的是，让每个人都时刻牢记自己是一名革命军人，随时准备重返前线，抗日杀敌。八百壮士操练的场景，吸引了许多民众前来围观。他们隔着铁丝网，看到了中国军人的风采，看到了中国抗战胜利的希望。

谢晋元非常重视对民众参观的接待工作，亲自安排参观路线、次序和介绍的主要内容。他多次强调接待参观的意义，要求官兵们时刻保持良好的军风军纪，展示良好的军人形象。

租界当局以便于管理为由，严格限制参观人数和时间。谢晋元屡屡与之交涉，方才放宽限制。每天前往孤军营的慰问参观者络绎不绝，最多时候达 4000 多人。

上海沦陷后，租界当局被迫加强新闻控制，压抑抗日爱国宣传。孤军营成为上海的抗日宣传大本营，爱国民众也视谢晋元为抗日精神领袖，经常到孤军营请他训话。训话中，谢晋元总要反复阐述抗战的意义，鼓舞上海人民的抗战意志。针对抗战初期出现的投降论调和悲观心理，他认为：

> 辛亥革命的几次失败，其实是好几次的成功。我们决不能因失败而灰心，反之应再接再厉地去干。革命的成功，就是由于多次的失败造成的。此番全面抗战开展以来，在表面上看来，似乎是我们失败；但实际上我们非但没有失败，而且获得极大的胜利，极大的成功。在这次抗战中，我们是充分地表演出辛亥革命的精神，我们并期待着同辛亥革命同样的收获！

谢晋元告诫国人要坚定抗战必胜的信念，抵御不良环境的诱惑。同时他也强调战争对和平的意义，他引用孙子兵法的“好战穷武，未有不灭亡者”阐述热衷战争和武力的日本帝国主义必然会走向失败和灭亡，中国抗战必将实现国家独立和富强这一伟大目的。

谢晋元在孤军营为民众题词

前来参观孤军营的主要是青年人，他们在老师的带领下，赴孤军营参观，慰问抗日壮士，听淞沪保卫战的事迹，合唱抗战歌曲，接受爱国主义教育。战士们有组织、有纪律的军营生活和精神风貌，对他们起了巨大的教育、鼓舞作用。青年学生参观后，往往要求见谢晋元，请他讲话、签名留念。谢晋元总是勉励学生们努力学习、为国效力："现代青年，应本国民立场，不辱人格，以个人有限之生命，贡献给国家，建设无限伟大的新生命。要以国家至上、民族至上主义，摒弃个人苟且偷安恶习。"

为了更好地宣传抗日，在来营服务的大学生协助下，十几个孤军士兵组成了话剧团，组织专人编写《四行抗战》和《八一一殉旗》两个话剧剧本，就在营内的大操场上搭建了个简单的戏台表演起来。剧团还演出了当时的热门话剧，如夏衍的四幕剧《一年间》，由孤军士兵演出，一句“七年来我们没有了家乡”，悲愤情绪瞬间高涨。除了孤军剧团，上海众多剧社如艺联剧社、华东联合女中、友联剧团、上海艺术研究社等纷纷前来上演《保卫卢沟桥》《海上春秋》《岳飞》等等，上海的民众从中看到了抗战民族英雄的光辉形象。

为纪念四行仓库保卫战，孤军剧团演出话剧

“孤岛”时期的上海，日本占领区自然不能谈抗日，就连租界也严禁提到抗日两字。在谢晋元坚持抗争下，孤军营铁丝网内“主权”由我们做主，可以积极开展各种文娱活动，进行爱国宣传。在国共合作、一致抗日的共同目标下，大家互相配合，不分彼此，在孤军营这几十亩地之内上台演讲、演戏、唱歌、喊口号、升降国旗。抗战题材的电影在这里上映，抗战歌曲在这里高歌，抗战戏剧在这里表演。前来这里的人们寻求精神食粮、振奋被压抑的心情，孤军营被视作抗日爱国的圣地，被誉为“小重庆”。

孤军成为孤岛上海的一面抗战旗帜。无数青年在“八百壮士”的感召下走上抗日战场，工商界爱国人士以孤军为榜样，拒绝和日伪势力合作。

第七章　生产自救　奋发图强

自进入孤军营以后，谢晋元带领“八百壮士”经过一年多的努力，逐步使孤军营的各项工作走上正轨，军事与生活秩序日趋佳境。在艰难的孤军营生活中，谢晋元严于律己、勤勉学习，处处为部下作楷模，勉励大家研究学术、提高人格。他以身作则，坚持晨操；读书看报，手不释卷；时刻关注、研究抗战情势，以待光明来临。他告诫自己与众人，要珍惜集体荣誉，宁死于战场，不死于国法。

但是，平静的军营中，潜伏的危机却从来也没有哪怕是短暂的停息过。1938 年以来，上海租界一直处于日军的“刺刀”下，情势日趋恶化。特别是在汪伪“76号”特务组织成立后，在日军的指挥下，开展了大量的血腥恐怖活动，许多爱国人士惨遭毒手。他们公然向租界武装巡捕挑衅，连工部局总办英国人费利浦都遭到狙击，被一群“黄包车夫”连开八枪，幸未命中。日本暴徒甚至亲自闯入工部局纳税会大会场，捣毁租界政务机关。至于被暗杀的律师、新闻记者、教师、市民等等，更是不计其数。

公共租界风雨飘摇，朝不保夕，孤军营也不是世外桃源。“八百壮士”原本就是日军的眼中钉，他们对谢晋元和孤军更是恨之切骨。谢晋元每日组织举行精神升旗典礼、唱国歌，坚持向民众宣传抗日思想，更使他自己成为汪伪走狗们的肉中刺。汪伪“76 号”位于越界筑路的西区，到胶州路孤军营只有短短十几分钟的路程，因此每天都有三五特务游荡在孤军营四周，从早到晚监视着营内的一举一动，打探消息、收集情报，寻机进行破坏和暗杀阴谋。

小贴士

越界筑路：指上海公共租界在租界之外修筑道路，进而取得一定行政管辖权的“准租界”区域，是列强掠夺地权、扩张租界的主要手段之一。由于路权、警权归属不一，这些地带往往成为社会秩序混乱的权力“真空”地带。

1939 年 8 月，在日伪勾结下，传言将调陆军一万封锁租界，以武力为后盾逼迫租界当局，伺机图谋劫夺孤军，一时山雨欲来风满楼。在这次面临死亡威胁的关键时刻，谢晋元致电最高当局，要求孤军可以自行采取应变措施。他作书寄其父母，表示准备以身殉国，决不向敌人屈节投降。信中说："上海情势日益险恶，租界地位能否保持长久，现成疑问；敌人劫夺男之企图，据最近消息势在必得。敌曾向租界当局要求引渡未果，但野心仍未死。且有'不惜任何代价，必将谢团长劫到虹口（敌军根据地），只要谢团长答应合作，任何位置均可给予'云云。似此劫夺为欲迫男屈节，视此为敌作牛马耳。大丈夫光明而生，亦必光明磊落而死。男对死生之义，求仁得仁，泰山鸿毛之旨熟虑之矣！"幸而因世界局势的变化，日军陷入孤立地位，这一阴谋方得以暂时中止。

1940 年 3 月，汪精卫在南京成立伪国民政府，为劝降坚持抗日宣传的谢晋元，指使汪伪政权的"二号人物"伪上海市市长陈公博亲赴孤军营送来委任状和一百万元支票，以"陆军总司令"这样的高官要职相诱。面对恬不知耻的汉奸，谢晋元只是冷冷地说："我的父母是中国人，生下我这个儿子也是中国人。中国人绝不当汉奸卖国贼，决不做出卖祖宗的事，你走吧！"送来的委任状和支票瞧

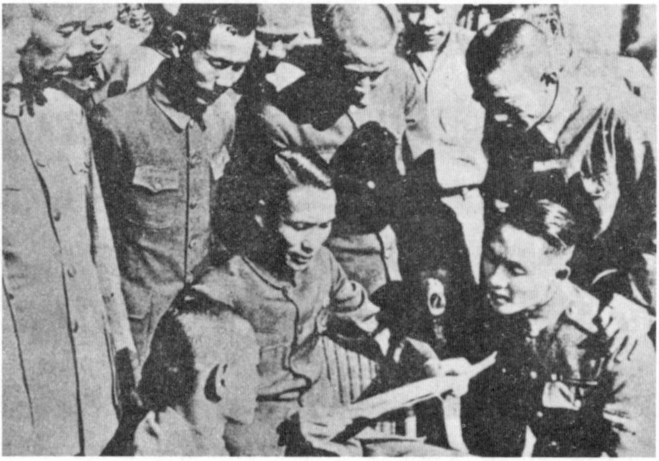

谢晋元与部下在孤军营

都不瞧，直接撕得粉碎扔在地上，拂袖而去。伪内政部长陈群派出政事特务意图收买，许诺的官职一次比一次高，“师长”“总司令”“军政部长”；给予的金钱愈来愈多，“50万”“100 万”“200 万”。但这一切在谢晋元眼中，不值一文。

敌伪的威胁利诱，遭到了谢晋元的严词拒绝；他们的劫持阴谋，也未能得逞。他们便勾结收买孤军内部人员，企图加害谢晋元。利用孤军营开放民众参观的机会，汪伪汉奸派遣特务混入营中活动，许诺赏金和“自由”，以物色内奸，希冀实现其阴谋。一些意志薄弱的人在重金诱惑下，明里暗里反对谢晋元。对于这些阴谋，谢晋元看出了一些蛛丝马迹，本着“爱之深，责之切”的原则，严格要求部下，严厉惩处目无法纪的官兵，决不姑息迁就。谢晋元曾说：“目前我们是在帝国主义魔掌下过生活，但如果对部队不严，不培养他们的爱国思想，他们中间可能有人会丧失爱国立场。”

而另外一些士兵则走上了另一个极端，消极悲观，藐视纪律，开始酗酒闹事、醉生梦死。谢晋元本着和衷共济的原则，采取多种措施加强官兵的思想教育，贯彻一切行动听从政府命令；针对有极端言行的部分人员，谢晋元采取坚决措施，以军规震慑任何违纪违规行为；对于疏于检束、目无军纪的官长予以申斥，记过处罚，至于隔离反省；对于寻衅闹事、恣意捣乱的士兵禁闭、开缺。谢晋元发布数道命令，严明军规，大力整饬内部。同时，他召集连排长官开会，推心置腹地解释：我等代表的是革命军人的人格和国家民族的光荣，一言一行皆受人瞩目。我决不允许让一二败类影响全体的荣誉，如果对此不闻不问，反而将使我等成为国家罪人。晓之以理，动之以情，最终使得违规士兵幡然悔悟，请求宽恕。

这些现象的发生，除了社会环境因素的影响外，根本原因在于部分官兵未接受过良好的家庭教育和严格的军事训练，许多连排长行伍出身，精神涣散，不负责任。为了改变因精神苦闷、意志消沉导致的官兵涣散状态，树立良好的中国军人形象和内部秩序，营造团结向上的气氛，谢晋元经过认真思考，决定全面开展文化教育和组织手工业生产，稳定官兵情绪，巩固营内秩序。

孤军官兵中大都是文盲，少文无墨；即使上过学的也基本上是初小程度，识字不多。谢晋元清醒地认识到，官兵的不良行为很大程度是由于未受过良好教育，没有文化。因此，他一直在规划组织开展营内系统的文化学习。为了便于组织教学，谢晋元组织全体官兵进行测验，按照成绩分为甲、乙、丙、丁四个组。甲组文化最好，相当于初中程度；而丁组基本上是文盲、半文盲，人数也最多，占总人数的85%以上。全体官兵，按照程度编组入学。

1939年12月，“孤军学校”正式开学，校长由谢晋元兼任，教员主要由复旦大学、东吴大学和交通大学的学生担任。他们都是义务任教，每天下午赶到孤军营，为孤军上课。老师要求很严，学员尊师重教，见到比自己年纪还小的老师也必须行军礼。师生关系是非常融洽的。最初开设的主要是国文课，根据课程的进度，逐步增加了算术、历史、地理、常识等各门课程。期终进行考试，名列前茅者给予表扬。

谢晋元以身作则，自己带头学习英文，以便于与租界当局打交道。在谢晋元的督促下，士兵们都把握难得的读书机会，很是用功。有的士兵利用空闲，打腹稿写文章。谢晋元选取其中优秀的作品，刊登在《孤军墙报》和《孤军》月刊上。通过两年多的教育，营中扫除文盲，孤军的整体文化素养明显提高。

孤军长期留滞上海，其生活经费来源主要是政府的拨款和社会各界的支援。然而，战争已经在大规模地毁灭中国经济，政府收支入不敷出，百姓的负担也愈来愈沉重。联想到社会各界包括难民都在生产自救，孤军有几百双手，为什么不能养活自己，减轻国家负担？经过深思熟虑，谢晋元决定着手兴办手工业生产。如果能在孤军营生产出一批批手工业品，对于处在物质极端匮乏中的抗战军民来说，将是一个巨大的鼓舞。但对于谢晋元来说，开展手工劳动的意义还不仅在于此，更关键的是要让官兵掌握一两门生产技能，以后自谋生活，立足于社会。他对中国现状有着深刻的认识：“中国处于积弱的地位，工业大部操于帝国主义者手中。人为刀俎，我为鱼肉。战争总要结束的，赢得和平的国家更关键的是发展实业。学会技能的官兵，在和平时期也可以继续为国家、为社会做贡献。”

谢晋元的想法得到了大家的一致赞同，从1939年11月起，孤军营先后开办织袜、肥皂、藤器、木工四组和汽车修理、驾驶培训班。在谢晋元的设想中，还计划开办皮革、革织、毛巾、牙膏、无线电、机械工业等。出于学习技艺的考虑，当某人技术纯熟后，即行调换，互相轮流，让每人在一年内能学得两三种他日可以负责指导他人之技能。

在上海民众的大力相助下，孤军的工业生产很快就红红火火地开展起来，学会并生产毛巾、袜子、肥皂和藤器等。在当时，肥皂的生产技术是比较先进的化学工业技术，原料名称都用英文。为了开展生产，谢晋元专门组织文化素质较高的官兵进行学习。开始时使用直接法制皂，油脂加热熔化后加碱皂化，过程中全凭感觉方法认为皂化率是否合乎要求。由于缺乏经验，导致产品屡次不合格，浪费了许多油脂、烧碱。后来在五洲固本药皂厂技术员的指导下，改用盐析法。五洲固本药皂厂由我国近代著名实业家项松茂先生一手创办，该厂生产的“五洲固本牌”香皂，是国内肥皂市场上的名牌产品，还曾荣获世界博览会金质奖章。新的制皂方法增加工序，火候易于掌握，做出来的成品质量，竟可以与该厂的产品媲美。

孤军组织开展手工劳动

孤军的各项产品都以“孤军牌”为商标，图案的上方是一顶钢盔，下方是交叉的两支带刺刀的步枪。在肥皂和毛巾上，还印有“孤军肥皂”或“孤军毛巾”等字样。当第一批产品出厂时，由于货色正、物美价廉，当即被来营参观的市民们抢购一空，大家都以购得孤军的产品留作纪念为荣。生产扩大后，部分产品改到市面上销售，由永安、新新、大新等上海几家大百货商店专柜销售。上海民众纷纷踊跃购买，表示对四行孤军的爱护和支持。“孤军牌”产品一时风靡上海，并将孤军精神带进千家万户。

手工作坊的开展，大大改善了营中经济状况，减轻了国家的负担。伴随“孤军牌”产品的推广，孤军也反哺社会，进一步增强影响力。他们从收入中拿出1000元钱，捐赠给上海难民委员会开办难民学校，引起强烈反响。当得知近千名友军受困于法租界时，孤军送去了冬衣、袜子、毛巾与肥皂。孤军还主动捐献国家2000元购买作战飞机，支援抗战。

孤军的汽车驾驶培训班也开办得有声有色。由谢晋元联系，上海最大的祥生、银色、云飞、泰来等四家汽车行无偿提供轿车、卡车各一辆和汽油。从1940年2月开课，每期三个月。先由交通大学两位专业教师讲授汽车的机械原理和构造，后由汽车行的师傅带领实践上车操作。驾驶培训班总共举办了两期，实际培训了80余人。

体育活动是孤军营的另一项重要内容。谢晋元自幼爱好体育运动，参与跑步、骑马、登山、网球、篮球、足球等众多项目，尤其酷爱和精通网球，被誉为“网球皇帝”。有一次，每月薪饷仅80元的他，除去给家里汇生活费五六十元外，所剩无几，却舍得花60元买下一个心爱的网球拍。

在积极从事个人体育锻炼的同时，他十分重视抓好官兵的体育生活。谢晋元注重体育运动，不仅是个人兴趣，更是出于健身强国的理念。他痛恨帝国主义将中国人民称为“东亚病夫”，一直希望提高中国人的体质。他认为，不论是在抗日战争中，还是将来的国家建设，都要求每个中国人应有健康的体魄。唯有健全的身体，才有健全的事业。特别是在孤军营中，长期的战斗生涯和艰苦的孤军生活，导致官兵中居然有四分之三的人身体素质较差、畸形发展。谢晋元深有感慨：胖的满身是肉，瘦的面色白而黄，精神委顿，弯腰驼背。刚强的意志，来源于强健的身体。因此，他反复强调锻炼身体的重要性，实在不行就采取强制措施，强迫士兵运动。经过一段时间，营内不爱好运动的人也逐渐爱上了体育运动。

孤军营的官兵在谢晋元率领下，自行辟划场地、设施，建有篮球场、排球场、网球场各一个。不过，场地却是十分简陋的，譬如网球场，不过是一层泥浆加上一层煤屑，遇到下雨就几乎报废了。

四行孤军的体育活动得到了社会各界的大力支持，中共地下党领导的业余文化团体益友社多次赠送慰问品。各项运动均请知名体育人士担当义务教练，体育用品、服装、器械也是由各公司捐赠的。就在这样条件下，四行孤军开展了丰富多彩的体育活动。

官兵们在各项体育活动上都非常活跃。每天早上的跑步和早操（军事术科），除非下雨，从不间断。至于单双杠、木马、跳高、撑竿跳高、跳远、三级跳远、举重、铁饼、标枪、铅球、团体操、长短跑、竞走、排球、篮球、乒乓球等等几乎天天都进行。其中篮球运动是开展得最好的，不仅参加的人数较多，而且球技水平也不错，打造了一直活跃于孤岛时期社会体育之林的“明星”篮球队。

篮球队由谢晋元任队长，亲自督导，并聘请了兼职教练指导。其中吴子彬因执教时间长、工作好，还被谢晋元委任为中尉教练员。在谢晋元的动员下，四个连队各自组建一支球队，称为乙组，彼此经常进行比赛，互有胜负。

四行孤军篮球队合影

谢晋元又从中抽出十二三人组成孤军篮球队（也称甲组），代表孤军营与来营的球队进行友谊比赛。上海有很多球队都曾到孤军营比赛过，其中不乏水平较高的知名球队，香港、东南亚的华人球队也慕名前来。担任队长的谢晋元非常重视，赛前指示，赛后总结，针对比赛状况提出“四注意、四禁止”。四注意：（一）开始特别留心，彼方勇气百倍，我方球员未合身；（二）二个半人攻，二个半人守，即中锋应协助攻，亦应协助守；（三）不得偷懒，拼命向对方篮下进攻；（四）切实合作，用双手传递。四禁止：（一）禁止长传球；（二）禁止乱投篮；（三）禁止站住接球；（四）禁止不盯人。谢晋元还制定了奖惩机制和淘汰机制，对于表现好的球员，经常表彰和奖励；对于失误多、不积极的球员，谢晋元则命调出甲组，补充新鲜血液。在谢晋元的带领下，孤军篮球队的实力不断提高，比赛也取得了不错的成绩。比赛的成绩还是次要的，通过比赛，搭建了孤军与上海民众之间交往的桥梁，不仅相互切磋球艺，而且相互勉励，坚定抗战必胜的信念。

1940 年 10 月 26 日，纪念四行仓库抗战三周年之际，为展现“孤军营”开展体育运动的丰硕成果，谢晋元组织举行了孤军运动会。为了开好运动会，谢晋元要求每位官兵都必须至少参加一个体育项目，此外也邀请社会上的体育人士帮助组织。当时，许多人希望能观看运动会，但是这一普通要求却遭到租界的反对，最终仅有来自教育界和体育界的100多人观看了这次难得的运动会。谢晋元在开幕式的致辞中强调："国家的生命，实系于民族；而民族的健全，又赖乎国民体魄的坚强、精神的焕发。审乎此，今后应建基于适合国防为中心的国民体育，彻底刷新教育制度，补救违犯社会道德的教育不良的缺陷。纠正只知注意灌输知识造成死气沉沉颓丧的书蛀虫，贻害国家民族。应竭全国人力与财力，在青年男女童年时，即应授予斯巴达式的国民体育的锻炼，以培养服从与合群的德行，陶冶民族的意识，激发尚武的精神，坚强自信力与果断力，确切养成明礼义、知廉耻、负责任、守纪律的出

小贴士

斯巴达式的国民体育：斯巴达是古希腊时期的一个军事化的城邦国家。斯巴达城邦实行强制性的体育教育，通过严酷的军事体育训练将青少年培养成体格健壮的武士。其体育主要是为了实现国家的军事目的，具有浓厚的军事性色彩。

兴的大业。”

10月27日至30日进行体育比赛，项目有田径、体操、国术、排球、篮球、拳击、拔河、足球等等，多达32项。每个项目按名次给集体或个人计分，对于排名靠前的给予奖励。奖品是从社会各界募集而来的。蒋介石、陈诚、朱家骅分别送来了“磨砺以须”“民族精神”“卫国强身”锦旗各一面，陈立夫送来镌刻有“为国干城”的银盾一面，送来锦旗、银盾的团体还有光华大学、大夏大学、大夏中学、肇光中学、邮电公会、邮政管理局三青团上海支部等。社会各界捐赠的各种奖品包括篮球、足球、跑鞋、羊毛衫、牙膏、牙刷，以及文化用品、现金等等。绿宝桔汁厂还为运动会进行了义卖，以收入的一半捐赠孤军营作为慰劳金，许多报纸对这次运动会进行了报道。整个运动会于10月31日圆满结束。

八百壮士是一支奇兵。他们创造着一个又一个奇迹。在四行仓库，他们以少胜多，用生命捍卫荣誉，誓死不退；在孤军营，他们把囚笼当作战场，建造了一座坚不可摧的精神堡垒；如今，在谢晋元带领下，孤军官兵学习文化，举办手工业生产，开展体育锻炼，身处孤岛的孤军营充满着勃勃生机。他们以不屈不挠的精神，开展生产自救和文体活动，奋发图强，向全世界展示中国人的坚韧和忍耐。在那段漫长而痛苦的岁月里,它成为上海人民的希望之星。

但是,随着汪逆的投敌,日伪在上海的活动更趋猖狂,谢晋元和孤军们的处境也面临更大的困难和考验。

第八章　被刺殒命　英雄悲歌

岁月不居，流光如水，孤军已经被羁困三年多了，1941年的元旦马上要到来。自从进入孤军营以来，谢晋元的睡眠一直不好，经常失眠。这一晚也不例外，午夜教堂的钟声和爆竹声吵醒了刚刚入睡的谢晋元。打开电灯，枕头边的手表指向12时，转瞬已是1941年。

他不禁回忆起在孤军营度过的每个元旦。第一个元旦是1938年，时逢战事混乱，南京陷落惨遭大屠杀，刚入驻孤军营的全体官兵意志分歧，思想复杂，经济一筹莫展。下一年的第二个元旦，在历经“八一一”护旗事件之后，官兵愤于自由遥遥无期，日军与租界当局压迫摧残之痛，悲戚不已。第三个元旦是1940年，带领全体开办教育，次第成立各项手工业，大力提倡体育运动。到了今日，各项事业均取得了不错的成绩，心中甚是感到欣慰。他甚至期盼，在接下来的一年中，能取得更大的进步。

不过，他也感到，哪怕闪过这一念头都恐怕是荒谬的。刚过去的一年被市民称为“恐怖年”，“76 号”在租界造成数起政治血案，日本暴徒屡屡滋事，租界已处于暴风雨的前夕。上海的情势殊难意料，孤军营如何能独善其身？

谢晋元的这一想法很快得到了印证。过了元旦没几天，原为华捕的汪伪汉奸刘玉龙偕同一男一女在营内与官兵唐棣、刘占魁等人喝酒，醉得面红耳赤、举止轻佻。谢晋元发现后甚是气愤，身在租界，理应洁身自好，怎能与这些首鼠两端之人交往！不顾多番警告，竟然愈陷愈深。晚饭后即集合队伍，当场处分唐棣、刘占魁，当月薪给降一级发放，其他三名士兵以鞭痛击。

一波未平一波又起，数日后又发现原来租界所派入营清粪的一名工人，突然被调换。谢晋元闻报即派人调查，如果系沪西汪伪政府安排的人，必设法加以反对，孤军营中决不准汉奸插手。这也表明，日伪特务的渗透分化更加明显厉害，通过各种方式不断派人入营活动，收集情报，伺机下手。

让谢晋元焦头烂额的还有李宏生事件。李宏生是复旦大学学生，读书之余热心孤军营的教育活动，一直担任孤军学校教导主任，在营里进进出出，为孤军办事，三四年来如一日，谢晋元的很多信件、稿件均是烦其转交。1940 年 12 月 17 日，李宏生来营途中，竟被两个穿租界巡捕制服的特务拦下，挟持到汪伪极司菲尔路 76 号“特工总部”。谢晋元多方打探，得知真相后，立即想方设法请人出面担保，“76 号”一无所获，只得将李释放。

甚至，孤军营中的动物都命运坎坷起来。营中饲养的鸽子有近 30 只，平时总有三对以上轮流下蛋。近两月来不知为何，鸽子不再生蛋。1 月 31 日，有一只竟在鸽棚中被野猫意外咬死，惊吓的鸽子如惊弓之鸟，露宿在鸽棚外的瞭望台上，不敢归巢过夜。天寒地冻，两只小鸽子悲惨地被冻死。孤军营中还有一匹温顺的白马，来营三载，是谢晋元的爱马。但这一年脾气也暴躁不堪，乱踢乱跳，谢晋元都无法骑上去。遛了多次，才得以上马。但是骑不到半个小时，白马便气喘吁吁，汗流浃背，口流白沫。白马老矣！

谢晋元在孤军营骑白马照片

忧虑中冬去春来。数月间，上海滩爆发了

持续的惨案，动辄枪声四起，血肉横飞。汪伪“76 号”多次在几家银行肆意袭击，死伤无数，整个社会陷入极大恐慌，处于四面楚歌中。这种混乱的局面延续到四月，这个时令的上海也变得乍暖乍寒。孤军营中的气氛也更加紧张起来。

到了四月下旬，气候骤冷，北风凛冽，卷起细沙黄尘铺天盖地地飞舞，尘土弥漫，久久不散。4 月 24 日，风力虽减弱，愁云惨雾依旧笼罩在上海城头。这天清晨，再度失眠的谢晋元早早穿衣起床。五时许，谢晋元按照惯例，前往操场举行精神升旗和早操。全体官兵 300 余名，在操场列成纵队，谢晋元团长亲自点名，发觉有四名士兵缺席。这四人分别是上等兵张国顺、下士郝鼎诚、张文清、尤耀亮，而他们不久前因懒惰成性、不守纪律，被谢晋元屡次惩罚。于是，谢晋元一面派全体士兵沿着操场跑步，一面派一名士兵前往宿舍传令那四人前来操场。当郝鼎诚四人到达时，谢晋元对他们严加训斥，责问为何不遵守纪律。不料，郝鼎诚突然冲向谢晋元，用身藏的一柄匕首猛刺谢晋元的头部和腰部。其余三人也一并趋前，将谢晋元凶杀。谢晋元丝毫没有准备，就被刺倒在地，因伤势严重，当场与世长辞。

当时，全营官兵正在专心致志地跑步，并未目睹这一幕。上官志标远远看见几个人扭在一起，便奔过来看发生了什么事。待冲至近前，方才见到谢晋元被刺倒地，鲜血染红了戎装，大为震惊，来不及多想，便迎面冲向凶手。四个沾满鲜血的凶手不由分说，再次举起还在滴血的尖刀刺向上官志标，瞬间上官左额、左肩、肋部、腰部等被刺六处，昏倒在地。后面的士兵陆续围了上来，重重包围，迅速将凶手擒拿。这四名叛兵死不悔改，狂叫："我们现在被捕了，但是过不了多久，你们就能看到我们被释放。"孤军将士气愤之极，恨不得立刻将叛兵撕烂。在几位连长的劝说下，才冷静下来，毕竟必须找出杀害谢晋元幕后之人。随即，大家一面打电话叫来救护车，将生命垂危的上官志标紧急送往仁济医院救治；一面致电工部局警务处，派遣警车将四名凶手押送至中央捕房。当时，租界工部局已处于日伪的影响下，临时法院也由汪伪官员担任。后来，四名叛兵虽被判处死刑，但是否执行却不得而知。

谢晋元遇害后，孤军营陷入万分紧张而悲痛的气氛中。全体官兵公推雷雄负责营务，组织"孤军营治丧委员会"，办理善后事宜。谢晋元的遗体，由操场移入卧室，大家在床前痛哭哀悼。晚上七时，营内举行小殓。

次日，天空飘起一阵阵凄风苦雨。孤军将礼堂布置成灵堂，灵堂门前搭设素色牌楼，灵堂内遍布白幔，中间高悬谢晋元勒马远眺的大幅遗像，遗像上方是全体孤军士兵的挽额——“忠昭千古”。遗像前方，停放着谢晋元的灵柩。安卧其中的谢晋元，安详的面庞上隐约露出一丝丝疲倦与困惑。疲倦的是，四年来的孤军生涯对于他来说是结束了，他竭尽全力维护军人的荣誉与生命，以致身心交瘁；困惑的是，虽然时刻准备牺牲在日军与汉奸的屠刀下，但是绝没有想到会死在叛兵手里，当那四个士兵将尖刀刺来的那一刻，谢晋元眼中只有震惊，他甚至来不及考虑处在风雨飘摇的租界里全营几百人的命运将走向何方！

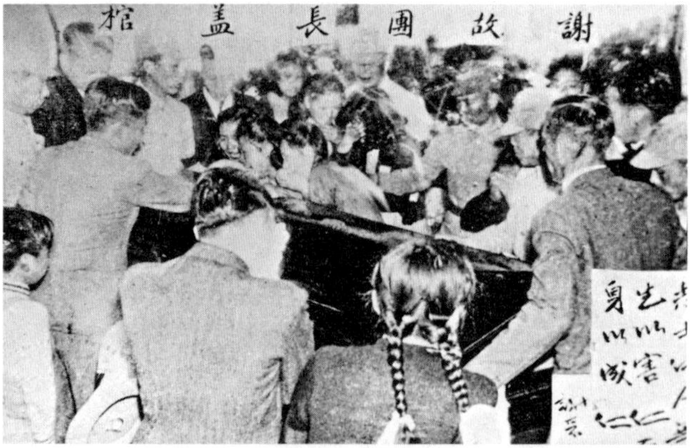

谢晋元盖棺仪式

灵堂内外，全体孤军士兵三百余人，均左臂系着黑纱，依照陆军规制服丧致哀。痛失官长，前途堪忧，在团长的遗体前，孤军肝肠寸断，悲痛欲绝。上午 11 时，孤军营内举行隆重的大殓仪式，由雷雄主祭，全体肃立，奏哀乐，由营内长官与谢晋元好友将遗体抬置棺内。礼堂内哀乐音调凄切，有几位对谢晋元甚为钦仰的女学生将本人照片置于棺内，痛哭失声。全体人员大为悲恸，无不落泪。接着，全体向遗体行三鞠躬礼，静默三分钟，复奏哀乐，依次瞻仰遗容。当全体将士与来宾绕着棺木时，均泪如泉涌，有十几个小学生竟至放声大哭。大殓完毕后，仍上覆国旗，暂厝礼堂。

小贴士

入殓：传统丧礼中最重要的礼仪，显示对死者的尊重和敬意，分为小殓和大殓。小殓是指为死者穿上入棺的寿衣，一般在第二天进行。大殓即入棺仪式，将尸体装入棺柩，一般于人死后三日进行。

这一天，前来告别的民众有3000多人，大多是青年学生。上海商界、工界均推派代表参加。上海孤儿院、上海难民教养院与平江儿童教养院分别派出乐队，同奏哀乐。来宾均系黑纱表示哀悼，分批入营后，莫不抚棺痛哭。

接下来的数日里，仰慕英雄的上海民众汹涌而来，向敬爱的民族英雄谢晋元告别。人们满怀哀痛，排列成队，缓缓地跟随人群进入礼堂，瞻仰遗容、鞠躬、献花。几天来，吊唁的人数多达三十万，可谓络绎不绝，胶州路新加坡路一带人山人海，道路完全阻塞。

谢晋元殉国的消息传开后，举国同悲。蒋介石闻讯深为痛悼，除给特别抚恤外，请政府明令褒扬，谢晋元子女由国家抚养，并通电各军师官兵，表示哀悼。后由国民政府发布命令，追赠谢晋元为陆军少将。林森、冯玉祥、孔祥熙、张治中等各界人士先后为谢晋元送来挽联、发来唁电及悼念辞章。中外报纸及通讯社纷纷发表纪念文章，称颂谢晋元为“中国军人的楷模”“华人牺牲精神的代表”。毛泽东赞誉“八百壮士”为民族革命典型。重庆、上海、蕉岭等地各界人士纷纷举行追悼会，许多抗日团体纷纷举办悼念活动，电影院连日上映描写四行仓库战斗的影片《八百壮士》。重庆国际广播电台特别推出了由“第

801 个壮士”——杨惠敏女士主持的悼念谢晋元特别节目，悲痛讲述谢晋元的生平事略。

谢晋元追悼大会

5 月 4 日，谢晋元遗体安葬仪式在孤军营内举行，其灵柩安葬在孤军营五位烈士的坟墓前方。

谢晋元去世后，孤军营继承遗志，在代团长雷雄的领导下，每日按时操练，努力生产，开展体育运动。上官志标伤好后，也从医院回营，共同领导孤军进行斗争。但是失去精神支柱的孤军，就像是失去了灵魂，营内那种热火朝天的抗日气氛一下子消失了，人心涣散、纪律松弛。部分士兵趁夜色翻过围墙，悄然失踪；有的则混入来宾，偷偷跑掉。

即使这样的情况，也没有维持多久。这年冬天，珍珠港事件爆发，日本对英美等国宣战。12 月 8 日，日本军队进占租界，租界当局丝毫未作抵抗，全部沦陷，孤军营也被日军封锁，顷刻间成为日军的俘虏。两天后，伪上海市市长陈公博致函代团长雷雄，要求孤军全体参加“和平运动”，改编为伪军，遭到毅然拒绝。日军又企图将他们杀害，不过慑于这支军队在世界上的影响力，最终未敢动手。12 月 28 日，日军突然冲入孤军营，将手无寸铁的壮士们全部押走拘禁。这 300 多名士兵，先后被押送到上海新龙华游民习艺所、南京老虎桥陆军第一监狱等处挖壕沟、做苦工。即使在监狱中，深受谢晋元多年言传身教的孤军官兵，不屈服、不投降，宁死不当汉奸。他们维持着严格的纪律和坚强的团结力，着军装、佩军帽，严格执行作息时间，行动步调一致，在各种困难的环境中保存实力，以各种形式反对日军的残暴压迫。

这种坚强不屈的精神进一步激怒了敌人，于是日军决定将孤军拆散。自 1942 年起，孤军一部分被遣送至南京孝陵卫、杭州、芜湖等地，强迫他们做不堪忍受的苦役；一部分则仍拘押在南京老虎桥监狱。还有一批 50 人竟被押送到远洋的巴布亚新几内亚修筑防御工事，食不果腹、衣不蔽体、疟疾流行，在禽兽般的日军管辖下，受尽折磨和残害，遭遇极为悲惨。

日本残忍狠毒的手段，永远压不住中国人反抗强暴、热爱祖国的精神。孤军的一部分人在日军非人的苦工奴役中相继死去，但活下来的人一直没有停止斗争。壮士们再次在班组长的带领下，团结在一起，互相照顾，伺机逃跑。许多士兵成功地逃脱日军的魔爪，他们有的就地参加游击部队，有的绕道浙江、江西、湖南、贵州等地，前往临时陪都重庆，在经过军校学习受训后，重新走上了抗日战争的最前线，把抗战的种子带到了全国各地。

1945 年，日本战败投降。孤军幸存者从全国各地和海外陆续返回上海，总计 100 余人。其中，被日军押送至新几内亚做苦工的孤军战俘有 36 人，经澳大利亚政府派军舰送还，于 1946 年秋返回上海。返程前，他们将战友的遗体移入当地的国际公墓安葬。

为了纪念谢晋元，国民政府将位于上海万里城的模范中学命名为“上海市立晋元中学”，将与孤军营一墙之隔的胶州公园改名为“晋元公园”，将孤军营原址内的一所小学命名为“市立第十二区晋元国民学校”，将北火车站到四行仓库的道路改名为“晋元路”，在孤军营原址围

抗战胜利后，幸存的四行孤军官兵从巴布亚新几内亚回到上海

绕谢晋元墓地建起的一带旧式里弄房被当地居民称作“孤军园”。

1949 年中华人民共和国成立后，上海市人民政府发文，褒扬谢晋元“参加抗日，为国捐躯”的光辉业绩并优恤其遗属。谢晋元墓一直在胶州路孤军营，“文革”中墓地遭到破坏，墓碑与墓志铭被砸坏，原有字迹、照片石均荡然无存，栏杆被盗。1983 年，市政府决定将谢晋元灵柩迁葬至上海市万国公墓（宋庆龄陵园）名人墓区，恢复重建墓碑，并在当年清明节举行了隆重的迁葬仪式。

同时，恢复晋元高级中学、晋元路、晋元公园等原名，原“孤军园”旧房改建为“晋元里”，四行仓库作为市级抗日纪念地立碑纪念。在谢晋元的家乡，蕉岭县也先后兴建了晋元大道、晋元大桥、晋元中学、晋元纪念亭、晋元纪念碑、谢晋元纪念馆和谢晋元纪念园等纪念性建筑。

位于宋庆龄陵园内的谢晋元墓

2005 年 9 月 3 日，胡锦涛同志在纪念中国人民抗日战争暨世界反法西斯战争胜利 60 周年大会上，将国民党军“八百壮士”与八路军“狼牙山五壮士”等并称为“英雄群体”，称他们为中国人民不畏强暴、英勇抗争的杰出代表。2014 年，谢晋元等八百壮士被列入民政部公布的第一批著名抗日英烈和英雄群体名录。

谢晋元与“八百壮士”是抗日战争中涌现出的英雄集体。他们以不畏强暴、勇于献身、宁死不屈的英勇行为向世人证明中华民族的伟大，在收获国际赞誉的同时，向全中国和全世界传达了“中国不会亡”的信念。谢晋元团长如钢铁般的意志、八百壮士视死如归的决心、女童子军杨惠敏冒着枪林弹雨献旗的英姿、上海与全国民众对诸壮士的关心，这一幕幕，在长期的抗战中激励着中国军人的志气，坚定全国民众的信念，对振奋民族精神和抗战必胜的信心起了良好的作用。

英雄事迹，已载史册；碧血丹心，青史永存！

参考文献

1. 谢故团长遗著，朱雯编选：《谢晋元日记钞》，正言出版社 1945 年版。

2. 政协广东省蕉岭县文史资料研究委员会编：《蕉岭文史》第 8 辑（纪念抗日英雄谢晋元将军殉难五十周年专辑），1991 年版。

3. 谢达彬著：《谢晋元将军传》，桂岭丛书（二），2001 年版。

4. 政协广东省蕉岭县文史资料研究委员会编：《蕉岭文史》第 19 辑（纪念谢晋元将军诞辰一百周年专辑），2005 年版。

5. 陶菊隐著：《大上海的孤岛岁月》，中华书局2005年版。

6. 谢继民著：《我的父亲谢晋元将军》，团结出版社 2010 年版。

7. 陈立人著：《八百壮士 中国孤军营上海抗战纪实》，团结出版社 2010 年版。

8. 戴胜德，谭元亨著：《挥剑四行——谢晋元传》，华南理工大学出版社 2014 年版。

9. 谢晋元著:《谢晋元抗日日记钞 谢继民解读》,上海远东出版社2015年版。

10. 郭萌萌编著:《谢晋元》,团结出版社2015年版。

11. 常琦编著:《淞沪八一三:淞沪大会战影像全记录》(中国抗日战争战场全景画卷),长城出版社2015年版。

12. 周骏发:《谢晋元与八百壮士事迹的点滴补充》,《历史档案》1987年第3期。

13. 渭源:《忆上海"四行仓库"的抗日战斗》,载政协兰溪县委员会文史资料工作委员会《兰溪文史资料》第6辑,1988年。

14. 渭源:《八年孤军生活》,政协兰溪县委员会文史资料工作委员会《兰溪文史资料》第7辑与第8辑,1990年。

15. 丁一:《通城保安大队·八百壮士·孤军营·其后行踪》,《抗日战争研究》1992年第3期。

16. 丁一:《谢晋元与"八百壮士"的体育活动》,《体育文史》1994年第4期。

17. 龚知栋:《谢晋元和他的壮士们命归何处》,《党史文苑(纪实版)》2013年第11期。

18. 凌霄:《大陆谢晋元研究述评》,《日本侵华史研究》2015年第2期。